LA
RÉPUBLIQUE FRANÇAISE
ET L'EUROPE

PAR

Eugène GELLION-DANGLAR

ANCIEN SOUS-PRÉFET

Auteur de l'*Histoire de la Révolution de 1830.*

.... *Servare modum, finemque tenere,*
Naturamque sequi, patriæque impendere vitam;
Nec sibi, sed toti genitum se credere mundo.
ANNÆI LUCANI *Pharsalia*, lib. I, v. 381-383.

« Garder la mesure, poursuivre son but, se conformer à la nature, consacrer sa vie à la patrie, et se croire né non pour soi-même, mais pour tout l'univers. »

PARIS
ERNEST LEROUX, ÉDITEUR
RUE BONAPARTE, 28
1875.

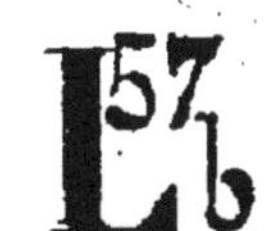

LA RÉPUBLIQUE FRANÇAISE

ET L'EUROPE.

LA
RÉPUBLIQUE FRANÇAISE
ET L'EUROPE

PAR

Eugène GELLION-DANGLAR

ANCIEN SOUS-PRÉFET

Auteur de l'*Histoire de la Révolution de 1830*.

.... *Servare modum, finemque tenere,*
Naturamque sequi, patriæque impendere vitam ;
Nec sibi, sed toti genitum se credere mundo.
Annæi Lucani *Pharsalia*, lib. I, v. 381-383.

« Garder la mesure, poursuivre son but, se conformer à la nature, consacrer sa vie à la patrie, et se croire né non pour soi-même, mais pour tout l'univers. »

PARIS

ERNEST LEROUX, ÉDITEUR

RUE BONAPARTE, 28

1875.

LA
RÉPUBLIQUE FRANÇAISE
ET L'EUROPE.

I

L'EMPIRE.

Lorsque nous vîmes, il y a vingt-trois ans, la République, idéal de toutes nos méditations, objet de notre culte perpétuel, but de nos efforts persévérants, étranglée, pour la seconde fois, par le lacet d'un Buonaparte ; lorsque nous assistâmes au honteux et navrant spectacle d'un despote tragi-burlesque implantant, par le mélange de la perfidie et de la force brutale, son ignoble tyrannie dans notre pays libre et glorieux, faisant, par ses prétoriens gorgés d'or, enivrés de vin, massacrer les citoyens, mitrailler les passants, assassiner les femmes et les enfants, et, par ses sbires et ses tribunaux improvisés,

1*

saisissant et transportant au delà des mers ceux des intrépides et malheureux défenseurs de la loi, du droit et de la vérité, dont le fer et le feu n'avaient pu le débarrasser, nous ne perdîmes ni le courage ni la foi, et la République devint la source de nos plus amers regrets, sans cesser d'être celle de nos plus chères et de nos plus fermes espérances.

Il n'y a point d'effet sans cause ; un événement heureux ou funeste se rattache toujours à des événements précédents, et le second empire a eu, comme toute époque de l'histoire, une généalogie de faits dont il était le produit, une chaîne de prémisses dont il était la conséquence, une somme de raisons d'être qui expliquaient son passé et son présent, et qui ont concouru en même temps à rendre sa chute inévitable.

On a souvent énuméré les raisons d'être multiples qui amenèrent et maintinrent l'empire à l'intérieur du pays. Rappelons-les sommairement : pour la bourgeoisie, l'essor promis et donné aux intérêts matériels ; pour le clergé, l'influence concédée à ses prétentions, l'appui prêté à la papauté ; pour le peuple, l'affectation d'un socialisme malsain et de mauvais aloi.

En ce qui concerne l'extérieur, l'hégémonie des napoléonides établie à deux reprises, au commencement et à la fin du xixe siècle, sur l'Europe, a surtout frappé les imaginations. Aux deux époques, elle a tenu à des causes extrinsèques très-complexes, dont on ne saurait, à aucun point de vue, faire un mérite propre à l'oncle ni au neveu. Ne parlons que du second empire. La révolution de Février avait ébranlé tous les trônes. Les rois, encore tout effarés, la regardèrent avec joie donner tête baissée dans la présidence d'un Buonaparte, et ils se sentirent tout à fait rassurés quand ils virent le premier magistrat d'une Constitution démocratique commencer à faire la police de l'Europe en abattant la République romaine, et continuer cette honorable besogne par la destruction de la République française. Les gouvernements monarchiques éprouvèrent donc pour celui du Deux Décembre et lui manifestèrent une variété particulière et distinguée du respect qu'inspire la gendarmerie aux bourgeois soucieux de leur tranquillité. La peur, et, par conséquent, la haine, amalgamées d'une certaine dose de dédain, composaient ce respect tout factice. Les rois et les peuples se souvenaient des courses et des rapines du premier empire ; ils savaient que la France, quand elle déborde, est terrible, soit qu'elle ait conscience d'elle-même, soit qu'elle suive aveuglément ses chefs. Aussi, l'absolutisme européen ne permit-il pas à celui qu'il voulait bien reconnaître comme son sauveur et son gardien de menacer d'une autre façon sa sécurité. C'est pour cela que la guerre de Crimée fut localisée, celle d'Italie arrêtée court. Mais, avant ce temps, la légère dose de dédain que nous venons de signaler avait produit son effet lorsque le jeune empire chercha à conclure une alliance matrimoniale. Il ne put faire, comme l'ancien, la conquête d'une archiduchesse : l'Autriche serra obstinément toutes les siennes. On eut beau parcourir jusqu'aux plus petites principautés allemandes, on ne put mettre la main sur la moins grande-duchesse. L'Espagne n'avait point d'infante disponible. En un mot, les vieilles cours donnèrent à entendre au Deux Décembre qu'il s'oubliait. Plus tard, il est vrai, la maison de Savoie sauta le pas ; mais il le fallait : si, pour le Vert-Galant, Paris valait une messe, la couronne d'Italie valait bien autre chose pour le *galantuomo*,.., pour l'excommunié, qui communia plus tard d'une manière si édifiante dans les affres de la mort.

Après la campagne de 1859, le prestige du gouvernement impérial dans le monde, réel jusque-là selon un certain nombre de personnes, purement artificiel à toute époque selon nous, déclina, on ne peut le nier, avec une rapidité sans cesse croissante. On vit d'abord le traité de Zurich rester une lettre morte dès sa naissance ; puis, la circulaire Gortschakoff écarter insolemment des importunités diplomatiques à propos de la Pologne ; l'aventure insensée et coupable du Mexique se hâter lentement et sûrement vers sa catastrophe, et glisser de la fange des billets Jecker dans le sang de Queretaro ; une puérile réclamation, après le coup de foudre de Sadowa, aboutir à une fin de non-recevoir opposée par le traité de Londres ; et, pour toute compensation à ces désastres de la politique personnelle, les merveilleux lauriers de Mentana tomber de tout leur poids sur le front des soldats français.

Tandis que nous assistions à ce décours de l'étoile napoléonienne dans le zodiaque diplomatique et militaire, il se produisait, au sein de l'opinion publique, en France, un mouvement latent d'abord, mais qui devait enfin éclater au grand jour. Après le coup de Décembre, une vigoureuse compression avait refoulé toutes les résistances et partout établi un silence profond. Excepté Paris et Lyon, qui ne dorment jamais que d'un œil, la France s'abandonna à une douce et funeste indifférence politique : on prenait la peine de faire ses affaires ; elle voulut se donner la fantaisie de voir ce qui allait advenir, et goûta longuement les fruits empoisonnés de la paresse. Enfin, vers 1868 et 1869, elle sentit que le lit où elle s'était laissé coucher était trop court, trop étroit et trop dur, et que même, s'il y avait quelques roses, ce dont on peut douter, ces roses faisaient des plis insupportables. Elle se frotta le visage, soupira, étendit ses bras, se dressa à demi : la voilà réveillée, et, quoi qu'on dise ou qu'on tente, elle ne se rendormira plus.

Ici se place une question :

Si le crime commis, il y a vingt-trois ans, n'eût trouvé personne pour le subir, il ne se fût assurément pas accompli, et la passivité de la nation, à cette époque funeste, équivaut, dans une certaine mesure, à une complicité morale et tacite.

Pourquoi, lorsque la République fut violemment détruite, lorsque toutes les libertés furent confisquées, lorsque les citoyens furent massacrés, emprisonnés, déportés, pourquoi la France ne se souleva-t-elle pas tout entière, unanime d'indignation, de pudeur et de fierté ? Pourquoi, dominée par une folle terreur, fascinée par un mauvais œil, plongée dans une catalepsie étrange et subite, s'abandonna-t-elle comme un cadavre à la voracité des oiseaux de proie ? Pourquoi se trouva-t-il des fonctionnaires pour prêter serment à l'homme qui venait de violer le sien, des contribuables pour lui payer l'impôt, une armée pour soutenir par la force toutes ses usurpations ?

Sans doute, on l'a dit et redit à satiété, il y eut de nombreuses et puissantes raisons qui expliquent le succès du mal, le triomphe du despotisme, l'éclipse de la liberté. Mais ce qui est expliqué n'est pas justifié. Il faut bien se mettre dans l'esprit que les peuples sont faillibles comme les individus. Le peuple français, en permettant l'accomplissement du coup d'État, en tolérant une heure, une minute le régime inauguré le Deux Décembre, a commis une faute dont la gravité pèse depuis lors d'un poids bien lourd sur les destinées nationales et les a compromises pour longtemps ; il a sa grande part de responsabilité dans le méfait, dont la réussite, qu'il n'a pas empêchée, et la durée, qu'il a supportée, constituent en même temps pour lui une longue et cruelle expiation.

La thèse que nous soutenons en ce moment n'ôte rien, qu'on en soit bien persuadé, au respect que nous avons toujours professé pour la souveraineté du peuple s'exerçant par le moyen du suffrage universel. Mais il faudrait être dépourvu de sens pour prétendre que le suffrage universel est au-dessus de tout, que tout dépend de lui, qu'il peut tout décréter, jusqu'à sa propre abdication et à son propre suicide, et que sa fantaisie doit être la règle variable de l'invariable droit, la base éphémère de l'éternelle justice. Le suffrage universel est incompétent dans les questions de science, d'art, de morale : il ne peut prononcer que sur les questions de fait. Il est, moins que toute autre chose, un tribunal de pénitence, et, sans parler de la pression qu'on a pu exercer sur lui et des circonstances ambiantes au milieu desquelles on l'a fait se prononcer, c'était évidemment abuser de lui que de lui demander l'absolution d'un crime ; c'était empiéter sur les attributions du jury, qui, lui, ne décide pas des principes de la justice, mais condamne ou absout en vertu de ces principes qu'il n'a pas à discuter ; c'était enfin consommer le renversement de toute morale, troubler les consciences et fausser les positions.

Ce qui prouve bien la vérité de ce que nous avançons, c'est l'explosion de honte, de repentir et de colère qu'a amené le réveil, si tardif, de la conscience nationale. Dès que le mal dont on souffrait depuis si longtemps se fut manifesté dans toute son horreur aux yeux dessillés, on aurait voulu en être délivré tout de suite et complétement. Naïve illusion ! Quand on a été si profondément souillé par le contact de la fange, il faut du temps et des efforts pour se purifier. Quand, d'une façon ou d'une autre, on est solidaire de la faute, il faut se résigner à en accepter l'expiation jusqu'à la fin.

L'expiation a été plus terrible que personne n'aurait pu jamais l'imaginer.

Pauvre France ! Les égrillards fourbus de tous les vieux régimes, les mamelouks et les bachi-bouzouks de l'empire l'avaient terrassée, enfermée, violentée, grisée de liqueurs malsaines, et ils croyaient l'avoir habituée à tout voir, à tout entendre, à tout souffrir. Ces étranges magnétiseurs avaient endormi le *sujet*, et ils le frappaient, le piquaient, le tailladaient impunément, et Shylock, parfois, venait lui arracher un lambeau de chair. Ils avaient compté sur un sommeil éternel ; mais il n'est pas de nuit si longue qui ne passe ; il n'est pas de rêve si pénible dont le cauchemar ne se dissipe à l'approche du matin. Les premiers signes du réveil suffirent pour détruire l'illusion des endormeurs, qui se partagèrent entre la stupeur et la colère en voyant leur victime, honteuse de l'ivresse où elle s'était laissé plonger, fuir leur contact impur, chercher à réparer son désordre et se boucher, en rougissant, les yeux et les oreilles. Alors, les eunuques et les derviches levèrent les bras au ciel en invoquant Allah et son prophète, et les mamelouks et les bachi-bouzouks retroussèrent leurs moustaches et brandirent leurs grands sabres. Mais la France, dédaigneuse et souriante, détourna la tête et marcha d'un pas ferme et sûr dans la voie droite, large et bien aérée, au bout de laquelle elle apercevait la liberté.

A cela, l'empire ne trouvait pas son compte. Que pouvait-il faire ? Jeter à la mer, en prévision de la tempête, un peu de la lourde cargaison du despotisme. On s'y résigna lentement, à contre-cœur ; et après ! La mer est insatiable, on devrait le savoir, faudrait-il donc lui jeter tout, et soi-même à la fin ? Nul n'a de ces héroïsmes. Entre deux périls, on eût bien voulu affronter celui qui paraissait le moindre, essayer de repaître encore une fois de gloire le monstre affamé de liberté. Malheureusement, il aime assez cette viande creuse ; souvent même, il a pris le change, et ne s'est aperçu de cette fatale erreur qu'à une digestion trop laborieuse, où il a failli perdre la vie. Mais, cette fois, il était trop tard pour appliquer à l'empire agonisant le remède funeste d'une diversion sanglante à l'extérieur. Au dehors, il ne pouvait plus trouver ni un allié ni un ennemi ; au dedans, l'appui moral de la complicité publique lui faisait défaut et refusait absolument de le suivre dans cette voie.

Qu'importe ? On passera outre. On trompera le pays, et on se trompera soi-même. La politique du ministère Ollivier sera une politique de Gribouille, qui se jette dans l'eau pour ne pas se mouiller. Après tout, les plus fins ont peut-être bien vu l'abîme, béant et proche, dans lequel il faut tomber, et ils tiennent à être gris pour ne pas se sentir au moment de la chute. Donc, l'empire se grise pour s'aveugler davantage. Il grise et aveugle la France... Mais c'est bien de cela qu'il s'agit ! Le rideau se lève sur la comédie du plébiscite et retombe sur le drame de Sedan.

II

LA GUERRE.

Que de fois, en songeant à la résurrection de la République, en l'appelant de tous nos vœux, en travaillant à hâter son avénement dans l'humble mesure de nos forces, que de fois nous l'avons rêvée s'accomplissant dans des circonstances toutes différentes des terribles complications au milieu desquelles elle s'est produite! Et alors, nous pensions au renouvellement de toutes choses que devrait nécessairement amener le renouvellement de la République elle-même, aux réformes si ardemment souhaitées qu'elle aurait à accomplir, aux luttes qu'il lui faudrait soutenir contre la coalition des intérêts, des égoïsmes, des terreurs feintes ou réelles, pour remplir sa mission et s'asseoir sur les bases inébranlables de la justice, de la vérité, de la nature. Et nous énumérions, dans notre esprit, les innombrables progrès dont la réalisation pacifique et graduelle absorberait, dès la première heure, toute l'activité des rénovateurs de la liberté nationale : la séparation de l'Église et de l'État; la suppression du budget des cultes ; la révision et la simplification de nos Codes ; l'abolition des châtiments irréparables ; l'administration honnête et transparente des deniers publics ;

l'organisation démocratique de forces militaires capables de défendre la République et incapables de l'opprimer ; l'affranchissement administratif du municipe harmonisé avec l'unité et l'indivisibilité politique de la patrie française ; la pratique sincère et sans limites des libertés de la presse, de réunion, d'association ; la multiplication des écoles et l'établissement de la gratuité et de l'obligation de l'instruction primaire ; l'entretien de relations fraternelles avec tous les peuples en vue de la création des États-Unis d'Europe et de la proscription de la guerre.....

Beaux rêves, où êtes-vous ? La République est ressuscitée au bruit lugubre du canon germanique ; et, avant de pouvoir songer à la réforme des lois, à l'amélioration du sort des citoyens, au bonheur de la France, elle a dû subir la liquidation sanglante et onéreuse des affaires impériales à l'extérieur, qui s'est soldée par la perte de l'Alsace et d'une partie de la Lorraine, et une indemnité de cinq milliards, et la liquidation, plus effroyable, des affaires impériales à l'intérieur, à savoir, l'insurrection du 18 mars.

C'est dans cette double et lugubre liquidation qu'est le point aigu et culminant de l'expiation dont nous parlions plus haut. Mais cette expiation, méritée et nécessaire, ne craignons pas de le répéter, est en même temps le point de départ d'une rédemption consolante et pleine de promesses que l'avenir réalisera. Rédemption glorieuse payée de notre sang et de notre or, dans laquelle nos fils trouveront une leçon et les peuples un exemple.

III

UN MOIS DE LA CAMPAGNE DE FRANCE EN 1870.

(7 août — 7 septembre.)

D'après les idées générales que nous venons d'émettre, le lecteur peut se figurer dans quelles dispositions d'esprit nous nous trouvions lorsque la guerre fut déclarée, et au milieu de quelles sinistres appréhensions nous partîmes pour écrire, du théâtre des événements où nous nous rendions, des lettres véridiques, sans voiles, sans ambages, toutes pleines de la réalité nue, aux journaux qui avaient confiance en nous, aux amis qui allaient voir par nos yeux.

Nous n'avions et ne pourrions avoir la prétention d'être un correspondant militaire. On ne trouvera ici que des lettres politiques et des impressions de voyage à travers la guerre. On les trouvera telles que nous les avons écrites : si nous eussions essayé d'en corriger d'une façon quelconque la spontanéité, nous leur eussions enlevé le seul petit mérite qui puisse faire pardonner toutes les imperfections qui s'y rencontrent.

IV

Le samedi, 6 août, nous apprîmes, à Paris, la nouvelle du désastre de Wissembourg. Le soir du même jour, nous partîmes pour Metz, et, le lendemain, nous écrivîmes la lettre suivante :

Metz, dimanche, 7 août 1870, midi.

Mon cher C...,

J'ai fait un bon voyage : seul dans un compartiment jusqu'à Frouard, j'ai dormi comme un bienheureux. Je suis arrivé à Metz, avec deux heures de retard, à six heures et demie du matin.

Pas une place dans les hôtels, comme tu l'as pú voir par ma dépêche.

Dans l'omnibus qui m'a conduit de la gare à la ville, j'ai appris les plus mauvaises nouvelles : les Prussiens nous ont chassés hier des hauteurs de Saarbrucken, ont pris Forbach, l'ont incendié de cinq à six heures du soir, et sont en ce moment à Saint-Avold, à dix-huit kilomètres de Metz. Toute la nuit, il est arrivé ici des blessés de Forbach. Nos pertes sont, dit-on, énormes. Il y a peut-être de l'exagération ; mais la situation est grave. On est mécontent ici, et l'on accuse l'incapacité ou la négligence des généraux.

J'ai visité la belle cathédrale de Metz. Il y avait foule

ce matin pour y attendre Sa Majesté, qui devait venir à la grand'messe. On a attendu près de deux heures. Le sire était en conseil et n'est point venu. A quatre heures et demie du matin, ladite Majesté s'était rendue à la gare dans le dessein de partir pour Forbach. Mais il n'y a pas eu moyen, les rails ayant été enlevés à une certaine distance par l'ennemi. On ne sait ce qu'on va faire.

2 heures.

Le quartier général est triste. On a parlé de le ramener à Châlons. Je viens de voir filer devant moi une partie des bagages qui prennent l'avance. Un concert, qui devait avoir lieu ce soir, est ajourné. On dit que le Sénat et le Corps législatif sont convoqués. Paris doit être agité.

On me dit en ce moment que la garde, commandée par Bourbaki, se bat et a des succès vers Forbach.

Metz, lundi, 8 août 1870, 10 h. 1/2, matin.

Mon cher C...,

Je ne sais encore pour combien de temps je suis ici. Tout à l'heure, sans doute, il sera décidé si l'on reste, ou si le quartier général se replie sur Nancy ou sur Châlons, ou s'il se porte en avant pour livrer ou accepter une bataille.

On avait fait courir ici, hier soir, le bruit d'une victoire de la garde et de vingt-huit mille Prussiens mis hors de combat. Ce *canard* était le pendant de celui de samedi, à Paris. Il n'y a rien que beaucoup de désarroi dans les sphères officielles, où l'on se repent de la jactance française et du peu de sérieux des hommes qui dirigent les choses. Si l'on parle ainsi sans illusion, dans ce monde-là, c'est bien pis dans le public, où bourgeoisie et peuple sont unanimes à blâmer le gouvernement, à se détacher de lui, à rappeler les grands souvenirs de 1792, et à ne songer qu'à sauver la France par elle-même.

Les gens officiels sont ici très-inquiets de l'esprit qui règne à Paris et de ce qui peut s'y produire contre le gouvernement. Ils redoutent les débats des Chambres. Ils semblent entrevoir un 1815 orléaniste. Espérons plutôt un 92.

La circulaire d'Eugénie a fait, à Metz, un singulier effet. J'étais sur la place quand on est venu l'afficher, hier soir, à neuf heures. Tout le monde se précipite croyant que c'étaient des nouvelles. En voyant ce dont il s'agit, chacun s'enfuit désappointé, haussant les épaules et faisant mille quolibets.

On est animé contre les juifs, qui sont presque tous Prussiens d'origine. On arrête à tout moment des espions ou prétendus tels. On a saccagé hier soir la boutique d'un certain Mayer, marchand de porcelaine, juif prussien.

2 heures.

Bazaine est en retraite. On est consterné. On ne comprend pas l'apathie du quartier général. Cependant, je crois qu'on va se replier. Je me replierai de même, de peur d'être bloqué dans Metz par l'ennemi.

4 heures 1/2.

Le quartier général reste ici. Les troupes sont concentrées en avant de Metz, à sept lieues environ. Il est probable qu'il y aura demain une bataille.

Paris doit être bien agité. C'est demain qu'ouvrent les Chambres. Quelles séances il va y avoir !

Metz, mardi, 9 août 1870, 5 h. 3/4, matin.

Mon cher C...,

Tout est ici dans la consternation, et il doit en être de même à Paris.

Hier, à neuf heures et demie du soir, est arrivé Changarnier, qui a été tout de suite introduit auprès de Buonaparte.

Je me suis levé de très-grand matin, et je suis allé aux nouvelles. Il n'y a rien que la proclamation des ministres, qui commence par ces mots : « Français, nous vous avons dit toute la vérité. » Quelle honte pour des hommes d'avouer ainsi qu'ils avaient l'habitude de mentir ! On ne s'occupe d'ailleurs ici pas plus d'eux que du sire, du petit et de tout le personnel impérial, que si cela n'existait pas.

J'ai reçu de quelqu'un de l'entourage des confidences qui me montrent que, là-même, on désespère, on est en plein désarroi, et que l'on considère la dynastie comme perdue.

Reste la France, qu'il faut sauver.

Les Prussiens sont à Boulay, à cinq lieues de Metz. Hier, à six heures, j'ai vu rentrer des voitures et des charrettes portant les habitants des campagnes environnantes, qui se retirent dans la ville avec leur mobilier.

Je voulais partir hier soir ou ce matin pour Nancy ou pour Châlons. On m'en a dissuadé, en m'assurant qu'il sera toujours temps de partir avec le quartier général, soit par la voie de fer, soit par la voie de terre si les rails étaient coupés.

L'empereur, en voiture découverte, avec trois généraux, est allé faire une promenade jusqu'à Fauquemont, dans la direction de Saint-Avold.

On est, quand on daigne s'occuper de « l'autre, » très-mécontent de lui : on voudrait le voir partir d'ici.

5 heures 3/4 du soir.

Rien de nouveau. On rencontre tout le monde, bourgeois et ouvriers, avec un fusil à la main. On vient d'en distribuer à la garde nationale sédentaire.

Metz, jeudi, 11 août 1870, 8 h. 1/2 du soir.

Mon cher C...,

A l'heure qu'il est, le courrier de Paris n'a pas encore été distribué. Ici, on affiche officiellement que la capitale est parfaitement calme. Personne n'en croit rien ou ne se fie à la durée de ce calme.

On se bat à une vingtaine de kilomètres d'ici, à Courcelles et à Remilly-sur-Moselle. On a, dit-on, amené déjà des blessés français et des prisonniers prussiens.

Depuis hier soir, vent, pluie, tempête.

Ici, l'opinion est de moins en moins favorable à l'empire, et l'on se montre de plus en plus patriote, dans le bon et vrai sens du mot.

Metz, 11 août.

Monsieur le Directeur,

Hier, dans l'après-midi, un décret impérial a suspendu la télégraphie privée, à Metz, jusqu'à nouvel ordre.

On a cru entendre cette nuit le canon dans la direction de Saint-Julien. Evidemment, la première grande bataille sera donnée sous les murs de la cité.

En ce moment, les deux points importants sont Metz et Paris : Metz, le point militaire ; Paris, le point politique. Le salut de la patrie demande une revanche éclatante des revers essuyés : ce salut intéresse seul la France, qui n'a aucun souci de la question dynastique.

Une logique impitoyable préside à l'enchaînement des faits : une honte en appelle une autre, qui sert d'expiation à la première. La honte du 18 brumaire a produit, pour la France qui l'avait subie et acclamée, la honte des invasions de 1814 et de 1815. La honte du Deux Décembre, acceptée et subie, a mérité à la France la honte de l'invasion de 1870. Le pays finira-t-il par comprendre la moralité de ces événements formidables ?

Le chauvinisme n'est pas le patriotisme. Tout le monde sait que les soldats français sont braves, que les Français, comme tous les autres peuples, ont du courage, et que ce n'est point un déshonneur que de perdre une bataille. Le déshonneur est de se laisser mal diriger politiquement et militairement. Les Prussiens, dont certains journaux français ont tant ri, étaient mieux préparés que nous ; leurs armes, qu'on disait inférieures, se sont trouvées pour le moins égales à celles des Français ; leurs officiers sont sérieux, austères, instruits, tandis que les nôtres sont, pour la plupart, frivoles, douillets et ignorants ; la tactique prussienne a révélé une profonde habileté, une audace, un sang-froid, une science, dignes en vérité du succès obtenu, tandis que l'incapacité de ceux qui ont jeté la France dans cette guerre funeste, de propos délibéré et le *cœur léger*, n'a d'égal que leur orgueil.

Ni à Metz, ni certainement autre part, les gens sensés

n'ont attaché la moindre foi aux bruits ridicules d'une alliance avec l'Autriche et de cent mille Italiens qui devaient voler à notre secours.

La France est seule, bien seule. Peut-elle seule suffire à la tâche ?

Oui, si elle sait se débarrasser de la tyrannie brutale, inepte et gangrenée qui l'opprime, l'abrutit et la corrompt ; oui, si elle sait au besoin renouveler, en les appropriant à une époque nouvelle, les grandes traditions de la première République ; oui, si les fils de la patrie en danger savent la sauver à force d'énergie, d'audace et de génie.

On m'affirme qu'il y a un engagement vers Remilly et Courcelles. Le chef de la police de sûreté est parti de ce côté pour préparer sans doute le passage de l'empereur. Demain, je me rendrai sur les lieux. On amène des blessés et des prisonniers.

Metz, vendredi, 12 août 1870, 9 h. 20 m., matin.

Mon cher C...,

Je viens d'arrêter une place dans la diligence de Verdun, qui part à deux heures. Le télégraphe entre Metz et Paris est coupé par les Prussiens ; le chemin de fer le sera peut-être bientôt. Il faut éviter d'être enfermé ici. Le quartier général va partir très-prochainement, s'il ne veut être bloqué. Le grand et le petit sire ne sont restés ici que trop longtemps. La population est consternée, irritée contre le gouvernement ; elle crie à l'incapacité et à la trahison. Depuis hier, le bruit court que le général Frossard aurait été mis en état d'arrestation. Je n'ai pu m'assurer de la réalité du fait. Les soldats sont mécontents, fatigués de marche et de contre-marches sans rime ni raison. Cela va mal, et il est temps que cela finisse.

———

Verdun, samedi, 13 août 1870, 1 h. 1/2, soir.

MON CHER C...,

Le pays entre Metz et Verdun est riche, riant, charmant, surtout aux environs de Metz. Verdun, dans le creux d'un vallon très-pittoresque, sur plusieurs petits bras de la Meuse, me plait beaucoup.

A chaque village ou bourg que la diligence traversait, les habitants assiégeaient la voiture pour avoir des nouvelles.

Les Vosges sont, dit-on, abandonnées ! Mac-Mahon se replie sur Châlons. Partout on crie à l'ineptie et à l'outrecuidance des chefs supérieurs de l'armée. Quand on parle de l'empereur à un officier, il lève les épaules et donne à entendre qu'il n'y a pas à s'occuper de ce personnage. Le Bœuf est en exécration. Palikao n'est pas mieux vu.

La poste de Paris à Metz a passé hier par Verdun, la voie ferrée étant coupée à Frouard par les Prussiens.

Il n'y a rien à apprendre ici : je retourne à Metz.

———

Metz, dimanche, 14 août, 2 heures 1/2 du soir.

MON CHER C...,

J'arrive au milieu du départ des troupes et du quartier général, qui se replie sur Verdun.

Vais-je y retourner ! Je ne sais.

Lundi 15, 10 heures 1/2 du matin.

Je n'ai pu quitter Metz, la route se trouvant encombrée par les convois militaires. Et d'ailleurs, des événements se sont produits ici. Hier, les Prussiens ont été fortement battus. On entendait de Metz le canon et les mitrailleuses comme on entend le feu d'artifice du 15 août en se trouvant à la Madeleine. C'était navrant de penser qu'à chaque coup, à chaque décharge, tant de braves gens tombaient morts ou blessés. Depuis ce matin, sept heures, le combat a recommencé. On entend le canon d'un côté opposé à celui d'hier, mais tout aussi distinctement.

5 heures 1/2 du soir.

Le combat de ce matin a fini vers midi. Les Prussiens ont été repoussés comme hier. Mais, quoiqu'il y ait de part et d'autre beaucoup de tués et de blessés, ce n'est pas une affaire décisive, et cela ne change pas la situation militaire d'une façon sérieuse, encore moins la situation politique.

Metz, 15 août.

Monsieur le Directeur,

La dynastie sentait qu'elle avait besoin d'une victoire : les nôtres se sont battus, hier 14 et aujourd'hui 15 août, et ont repoussé les Prussiens, qui ont éprouvé et nous ont fait éprouver des pertes considérables sans que la situation générale, au point de vue militaire, soit sensiblement changée.

Le véritable avantage de cette lutte est qu'elle relève le moral de nos soldats et de nos officiers. Mais, en somme, les rencontres d'hier et d'aujourd'hui auront de part et d'autre coûté beaucoup de sang et de larmes sans produire un résultat vraiment sérieux. Si cela peut suffire pour prétexter les illuminations et les fusées dynastiques du 15 août, la France réclame bien autre chose ; elle exige une victoire décisive, qui chasse l'étranger de son territoire.

Hier, depuis le matin, le quartier général et une grande partie des troupes placées sous le commandement du maréchal Bazaine avaient commencé un mouvement de retraite dans la direction de Moulins-les-Metz, Jarny, Étain, Verdun.

Infanterie, cavalerie, artillerie, ambulances, bagages, chariots, mulets, voitures, chevaux de l'empereur, police de l'empereur, et enfin l'empereur lui-même et le prince impérial, avaient quitté Metz. Vers les deux heures, les troupes firent demi-tour et durent répondre à l'attaque des Prussiens. Le premier coup de canon fut tiré du village de Vallières, à quatre heures et demie. Le combat se développpa bientôt sur une étendue de douze kilomètres. Le fort de Queleu lança quelques coups de canon. Après une lutte acharnée, les Prussiens furent contraints de reculer ; la dernière position qu'ils abandonnèrent fut le village de Sainte-Barbe, qu'ils incendièrent en le quittant. La nuit arrêta le combat.

Ce matin, à partir de quatre heures, le feu a recommencé d'un autre côté, au delà de Moulins-les-Metz. Il s'est terminé vers midi à notre avantage.

La ville est encombrée de blessés.

Hier soir, pendant la lutte, Metz avait un aspect lugubre. Chaque coup de canon, chaque décharge de mitrailleuses avait un écho sinistre dans tous les cœurs. Que de braves jeunes gens tombaient pour ne plus se relever, et que de familles, dans les deux nations, perdaient en même temps leur joie, leur soutien, leur orgueil ! Les rues étaient remplies, depuis le matin, d'interminables convois militaires et d'une foule affligée et curieuse. Je me rendis à la porte des Allemands, à travers les vieux quartiers de la ville, au milieu d'une multitude qui s'agitait comme les flots d'une mer soulevée par l'orage. La bataille était engagée à cinq ou six kilomètres de là.

Je n'ai pas besoin de vous dire que la ville de Metz est demeurée indifférente au départ de la Majesté et des Altesses (le prince impérial et le prince Napoléon, fils de Jérôme) comme elle l'était restée à leur présence.

Il faut attendre et espérer des événements plus grands et plus décisifs.

Briey, mercredi, 17 août 1870, 5 h. 3/4 du matin.

MON CHER C...,

J'ai quitté Metz, hier, à cinq heures du soir, craignant d'y être bloqué. Depuis le matin, on se battait sur la route de Verdun. Les Prussiens ont éprouvé des pertes énormes, mais n'ont pu être délogés de leurs positions. Il est probable que la bataille recommencera aujourd'hui. C'est le quatrième jour que l'on se bat ! En arrivant à la porte de France, j'ai vu une foule, un encombrement énormes ; des cacolets, des charrettes pleines de paille ramenaient des blessés. Quel horrible et sanglant spectacle !

Je me suis trouvé dans la diligence qui allait de Metz à Briey, et dont c'était assurément le dernier départ, avec un de mes confrères, X..., correspondant de....., et nous comptons continuer notre route ensemble. Nous sommes les deux derniers journalistes qui aient quitté Metz. Ce n'a pas été sans peine ; on ne trouvait plus de place dans les voitures, et les trains ne marchent plus.

D'après ce qui se passera aujourd'hui, je règlerai mon itinéraire : si les Français sont victorieux, il est probable que je retournerai à Metz ; dans le cas contraire, je me replierai en bon ordre vers Châlons, par les Ardennes, et je m'arrêterai à Reims.

* * *

Charleville, jeudi, 18 août 1870, 8 h. 3/4 du matin.

Hier, à neuf heures trois quarts du matin, nous avons pris, mon compagnon et moi, une carriole, à Briey, pour aller voir le champ de bataille de la veille. Comme on disait que le combat devait recommencer, nous devions prendre en route des renseignements pour savoir jusqu'où l'on pouvait s'avancer. En quittant Briey, nous rencontrâmes une énorme quantité de charrettes amenant des blessés français et quelques blessés prussiens. Ces têtes, ces bras, ces jambes ensanglantés, faisaient mal à voir. Nous arrivâmes sans encombre jusqu'à La Brie. Là, on nous dit que nous ferions bien de nous arrêter. Mais, comme nous n'entendions ni ne voyions rien, nous poursuivîmes un peu. Arrivés bientôt sur la route de Metz à Verdun, entre Jarny et Conflans, nous nous disposions à aller à Jarny demander de plus amples renseignements pour nous rendre, si c'était possible, à Mars-la-Tour, où le plus fort de la bataille avait eu lieu le 16. Il était près d'onze heures ; nous n'avions pris qu'un peu de café au lait de grand matin, et nos provisions se composaient de trois tablettes de chocolat et de quatre petits pains. Je trouvais que c'était bien maigre, et je parlais d'entrer dans une auberge de Jarny, et d'y demander ou d'y faire moi-même, au besoin, une forte omelette au lard. A peine tournions-nous le nez vers Jarny, que trois dragons français viennent à nous et nous disent que le feu va commencer, que la ligne de nos tirailleurs est placée de l'autre côté de Jarny, et qu'il vaut mieux pour nous aller avec eux vers Conflans. Nous les suivons, ou plutôt nous marchons assez longtemps avec eux en causant de la bataille d'hier, où ils s'étaient trouvés. Nous entrons dans Conflans, et nos trois dragons poussent en avant au galop en éclaireurs. Sur la gauche, dans un pré, nous voyons les restes d'un régiment de lanciers de la garde et du régiment de nos trois dragons. Il y en avait à peine 150 de chaque régiment ! Les chevaux broutaient ; les hommes, harassés, brisés, étaient couchés pour la plupart sur l'herbe et se reposaient. Il fallait voir leurs mines, leurs habits poudreux, leurs casques ternis ! Un officier, blessé au bras, que nous rencontrons, nous dit qu'il n'est resté des lanciers que quatre officiers valides. Presque au même instant, nos trois dragons se rabattent vers nous au triple galop et font rebrousser chemin à tout le monde, en disant que la cavalerie prussienne accourt d'Olley et de Jeandelize. Panique générale. Les dragons et les lanciers sautent à la hâte sur leurs chevaux. Toutes les charrettes qui stationnaient ou cheminaient sur la route tournent bride et s'enfuient d'une course folle. Les femmes du village poussent des cris déchirants en appelant les enfants qui erraient à droite et à gauche. C'était un spectacle émouvant. X..., qui a été prisonnier des Prussiens et qui ne se soucie pas de le redevenir, craint que notre carriole ne soit embarrassée et renversée dans la bagarre. Nous disons au conducteur de se hâter et de nous attendre au village de La Brie, et, sautant à bas de la voiture, nous

courons à perdre haleine à travers les terres labourées
et les champs de pommes de terre jusqu'à La Brie.
Nous ne nous y arrêtons pas longtemps. Nous rattrapons
notre char, et nous reprenons la direction de Briey, où
nous arrivons à une heure. En route, X... me dit :
« Et votre omelette au lard ? » Nous rions de bon cœur,
et, à Briey, nous déjeûnons de bon appétit.

Les blessés affluaient toujours. On ne savait rien de
la bataille. On disait toutefois qu'elle avait lieu aux
mêmes endroits que le 16, ce qui indiquait que nous
n'avions ni reculé ni avancé. A tout instant, les Prussiens, qui sont partout, qui opèrent de tous côtés des
mouvements tournants, pouvaient faire irruption dans la
petite ville de Briey. Là, certainement, nous ne risquions
rien ; mais nous pouvions être coupés de toute commu-
nication, n'avoir plus la poste à notre disposition et nous
trouver ainsi dans l'impossibilité de faire notre métier de
journalistes. Après avoir tenu conseil, X... et moi, et
nous être plus d'une fois mutuellement félicités de nous
être rencontrés et d'avoir pris la résolution de voyager
ensemble, nous décidâmes de partir, par la voiture, pour
Audun-le-Roman, où nous trouverions le chemin de fer
pour Mézières-Charleville. A quatre heures, nous partîmes
de Briey ; à six heures un quart, nous étions à la gare
d'Audun-le-Roman. Le train venant de Thionville était
indiqué pour six heures trente : il arriva à huit heures
du soir. Il était composé de quatre-vingts à cent wagons
de bagages, dans lesquels on avait suspendu des hamacs
pour les blessés ; ceux qui étaient moins grièvement
atteints étaient assis dans des wagons de troisième classe.
A la queue de cet interminable convoi, qui ne pouvait
aller bien vite, se trouvaient deux ou trois voitures de
première classe pour les voyageurs. Nous entrâmes dans

3*

un compartiment, espérant être à Charleville vers onze heures et y faire un bon souper. Mais le train allait si lentement ! A chaque station, il séjournait fort longtemps pour déposer des blessés qu'on évacuait sur les divers hôpitaux et les diverses ambulances. Nous dormîmes : qui dort dîne. A la station de Montmédy, nous sommes réveillés par l'irruption incongrue de trois bohêmes, correspondants du.............; du............, et du........... Ces messieurs en ont assez, de la guerre, et retournent à Paris. Cependant, l'un d'eux prétend avoir à lui seul chassé devant lui un escadron de uhlans. Après qu'ils eurent expectoré toute leur *blague*, nous pûmes reprendre notre somme, et nous ne nous réveillâmes qu'à Charleville : il était quatre heures du matin ! En temps ordinaire, nous aurions dû arriver ici, hier, à neuf heures trente-huit minutes du soir.

On dit que le sire s'est replié de Verdun sur Châlons. Dans tous les pays que je parcours, les esprits, militaires comme civils, sont très-animés contre lui et tous les siens ; et, vainqueur ou vaincu, il peut préparer ses malles.

Il est probable que la grande bataille décisive se livrera dans le voisinage de Châlons.

Charleville, jeudi, 18 août.

Monsieur le Directeur,

Pendant quatre jours, le 14, le 15, le 16 et le 17, on a combattu à l'entour de Metz, et, comme je crois vous l'avoir dit dans ma lettre du 15, après beaucoup de sang versé de part et d'autre, nous avons réussi à faire reculer l'ennemi de deux ou trois kilomètres ; tandis que ses éclaireurs rayonnent dans toutes les directions, semblent doués d'une sorte d'ubiquité et répandent l'épouvante dans les villages et jusque sous les murs des villes ; tandis que l'armée du prince royal est à Commercy et à Bar-le-Duc, au cœur même de la France ; tandis que le drapeau prussien flotte à Nancy, à Sarreguemines, sur toute la frontière, et que les colonnes profondes de l'ennemi tudesque, en sacrifiant, il est vrai, chaque jour des portions énormes de leurs flancs, avancent, avancent toujours, et se trouveront réunies en masses considérables dans les champs Catalauniques. C'est là, je vous l'ai fait prévoir depuis mon arrivée à Metz, que se jouera, dans une grande bataille, le sort de la patrie française. Grâces en soient rendues une fois de plus à l'homme qui s'intitule Napoléon III ! Nom et chiffre marqués par la fatalité : c'est la troisième fois, en effet, que, par la tyrannie et par la faute d'un Napoléon, l'étranger occupe le sol sacré de notre France.

Du reste, quoi qu'il arrive, tout fait pressentir que l'empire ne pourra survivre, soit à une défaite, soit à une victoire, et que l'indignation universelle, qui fermente et s'accroît sans cesse dans l'armée comme dans le peuple, dans les départements comme à Paris, éclatera au plus tard après la guerre, et fera justice du système et des personnes qui ont entraîné le pays au bord du précipice.

Reims, vendredi, 19 août 1870 , 4 h. 1/2, soir.

MON CHER C...,

Je suis arrivé ici sans encombre. Je suis logé en face de la cathédrale. Quelle incomparable merveille ! Reims est une fort grande ville.

Nous avons eu du flair en quittant Briey, mercredi, à quatre heures : à sept heures, les Prussiens y entraient.

Thionville est entouré par eux, et les villages environnants occupés et dévastés.

Ici, comme partout, l'opinion est très-montée contre la famille impériale. Une victoire ne sauverait pas la dynastie ; c'est le cri universel. On voit un tas d'imbéciles qui ont voté *oui*, il y a trois mois, et qui s'en mordent les doigts aujourd'hui. Les femmes, à table, dans les hôtels, dans les gares, partout, sont enragées maintenant contre l'empire. Il est bien temps !

Le désordre est tel que, ni à Charleville ni à Reims, on ne nous a demandé nos billets de chemin de fer.

Sans qu'il y ait des nouvelles positives, il court ici de mauvais bruits : on parle d'une défaite du côté de Metz. Strasbourg est dans une triste situation. La France s'en va.

La garde mobile s'est, dit-on, mal conduite à Reims. D'un autre côté, la garde mobile se plaint d'avoir manqué de tout par le fait de l'administration. Je crois qu'il y a du vrai dans les deux opinions.

Reims, samedi, 20 août.

Monsieur le Directeur,

Comme la campagne de France de 1814, la campagne de France de 1870 se signale par des victoires douteuses, que chaque parti s'attribue, et, en tout cas, stériles pour nous, puisqu'elles n'arrêtent pas la marche en avant de l'ennemi. Les Prussiens sont à quelques lieues de Châlons. Continueront-ils à marcher sur Paris avec la même rapidité et malgré les pertes énormes que nous leur avons fait subir ? Se cantonneront-ils dans le territoire conquis et attendront-ils que nous allions les y attaquer ? Je ne sais. De toute façon, je crois qu'il y aura un temps d'arrêt, et qu'après les combats successifs de ces jours derniers, le sang français et le sang allemand doivent cesser de couler pendant quelques instants pour aller puiser, à leurs sources respectives, des forces nouvelles et une nouvelle abondance.

A un point de vue élevé et général, et en dehors de la spécialité artistique, les faits militaires n'ont de valeur et d'importance que par les conséquences politiques qu'ils produisent. Celles qui résultent des événements militaires des trois dernières semaines sont considérables et de la plus haute gravité; il ne viendra, en effet, à l'esprit de personne d'affirmer que la chute imminente de la papauté temporelle et l'anéantissement du césarisme napoléonien sont des révolutions d'une médiocre importance.

Dès à présent, en France, l'empire n'existe plus que de nom. La proclamation du général Trochu contient implicitement la déchéance de Napoléon III et de son système, et, en cela, elle ne fait que se conformer à l'état de l'opinion publique, unanime sur ce point, et dont j'ai constaté *de visu et auditu* le formidable *crescendo* partout où j'ai passé, et ici même. « Vainqueur ou vaincu, me disait l'autre jour un officier supérieur de la garde impériale, l'empereur peut boucler sa valise. » Ces paroles sont l'exact résumé de la situation. Oui, quand même la fortune des armes nous deviendrait favorable au delà de nos espérances, quand même nous envahirions à notre tour l'Allemagne et nous réussirions à conquérir la frontière du Rhin, il est certain qu'on ne pardonnerait pas à Buonaparte d'avoir mis, comme on dit, la France à deux doigts de sa perte, et que la dynastie des Napoléonides serait également ensevelie pour toujours, tant dans la victoire que dans la défaite.

Que l'on cesse donc de jeter à la face des libéraux et des démocrates français l'infâme et ridicule accusation de souhaiter le triomphe de l'ennemi de la patrie dans l'intérêt de leur parti ! Ce n'est pas nous qui avons besoin du secours odieux de l'étranger pour établir dans notre pays le gouvernement de notre choix. La République française, au prix d'efforts inouïs et d'héroïques sacrifices, a jadis repoussé l'invasion européenne, tandis qu'il était réservé à l'empire d'amener deux fois les armes de la coalition jusque dans Paris même. Nul ne sait comment se terminera la guerre de 1870 ; mais elle montre, une fois de plus, que la spécialité de la famille Buonaparte est de faire de la France une proie pour l'ennemi.

Il faut voir, comme je l'ai vu depuis Metz jusqu'ici, dans les hôtels, dans les cafés, dans les rues, sur les places, à la ville et au village, partout, parmi les hommes et les femmes, chez les citoyens et les soldats, le sentiment public se faire jour, éclater, tonner.

Ah ! comme on est loin du 8 mai, où le plébiscite réunissait plus de sept millions de voix en faveur de l'empire héréditaire dans la famille de Napoléon III, de mâle en mâle, par ordre de primogéniture ! L'autre jour, à Charleville, un monsieur avait le courage, aujourd'hui bien rare, d'avouer qu'il avait voté *oui* ; mais il s'empressait d'ajouter qu'il ne le ferait plus. Qu'il soit tranquille : il n'en aura plus l'occasion.

Quel aveuglement que celui dont la France, notre malheureuse et chère patrie, est aujourd'hui la déplorable victime ! La leçon est plus terrible que celles de 1814 et de 1815. Nous profitera-t-elle enfin ?

Pour ce qui regarde la chute prochaine du pouvoir temporel, personne, là-dessus, ne peut nourrir le moindre doute. L'occupation française, à la honte de la patrie de Rabelais et de Voltaire, maintenait seule à Rome le trône et l'échafaud du souverain pontife catholique et apostolique ; cette occupation cessant par cas de force majeure, l'odieux édifice doit tomber au premier souffle, qui ne peut se faire attendre.

Si le temps et l'espace ne me manquaient, j'aurais à considérer longuement la force invincible et la direction incontestable du mouvement qui, dans le monde et particulièrement en Europe, abaisse les nations catholiques et élève les nations protestantes.

Il répugne, certes, malgré l'étiquette officielle et les apparences, de placer la France au nombre des pays catholiques ; mais il est certain que, depuis l'établissement de l'empire, l'influence du clergé sur la politique française, à part quelques intermittences insignifiantes, a été toute-puissante et secondée, dans ses plus funestes effets, par l'inqualifiable ingérence dans les affaires d'une Espagnole sentimentale, romanesque et bigote.

La France, délivrée de l'invasion étrangère et des tyrannies intérieures qui l'ont si longtemps opprimée, devra s'inspirer des traditions naturelles et nationales du xvie et du xviiie siècles.

Reims, dimanche, 21 août 1870, 6 h. 1/4, soir.

Mon cher C...,

Nous devions aller au camp de Châlons. Tous nos

projets sont changés : le camp de Châlons est levé. Tout arrive ici. Nous n'avons qu'à y rester.

Si peu stratégiste que je sois, ce mouvement me paraît absurde et deviendra funeste.

Il me paraît fort vraisemblable de croire, quoi qu'on en dise, que Bazaine a été battu et rejeté sur Metz, le 18. Les Prussiens seraient donc entre lui et nous.

Reims, dimanche, 21 août, midi.

MONSIEUR LE DIRECTEUR,

Je me trouve ici dans une cité étrange, industrielle, corrompue, riche, indifférente, et où, pour dire la vérité, certaines gens ont plus peur de la Révolution que des Prussiens. M. W....., député de la ville au Corps législatif, possesseur de plus de vingt-cinq millions, est, à ce qu'on dit, un Prussien naturalisé Français. Il y avait ici plus de 1,200 Prussiens que M. A. Gill, consul des Etats-Unis de l'Amérique du Nord, chargé de leur protection, a fait sortir de France, principalement par la voie de Dieppe.

Aujourd'hui, dans la ville, règne une grande émotion à propos d'un lieutenant de la garde nationale mobile, nommé Gérard, qui s'est permis d'injurier grossièrement ses hommes et de les menacer de son revolver. La foule exaspérée a sifflé le lieutenant et est allée faire un *charivari* devant la boutique de son père, qui est chapelier. Tout le monde blâme la conduite indigne et inconvenante du lieutenant, qui n'a su ni se faire obéir ni se faire respecter.

La garde nationale mobile serait certainement, en y introduisant quelques modifications, une excellente et très-démocratique institution. Mais elle a été, pour ainsi dire, improvisée. Avec elle, comme avec tout le reste, l'administration impériale se montre insouciante, imprévoyante, inepte.

Ce qui tue la France depuis vingt ans, c'est le manque de sérieux, ou, pour appeler la chose par son nom trivial, la *blague*. On rit de tout : on cherche en tout le côté plaisant ; on veut amuser et s'amuser de tout. L'empire, en dérobant à l'activité intellectuelle les grandes questions politiques, sociales, religieuses, philosophiques, en proscrivant l'examen et la discussion de ces graves sujets, a refoulé le caractère national vers les rameaux rachitiques et malsains de la petite presse ; l'esprit français et parisien a été circonscrit sur le terrain marécageux où fleurissent les immondes scandales, où végètent les plantes vénéneuses de la coulisse et de l'agiotage, où s'épanouissent les feuilles qu'on appelle le *Figaro*, le *Gaulois*, *Paris-Journal*, etc.

Le culte des intérêts matériels, inauguré vers la fin de la Restauration, développé sous le règne de Louis-Philippe, a pris des proportions colossales, effroyables sous le second empire. Gagner pour jouir, telle a été la devise de l'époque funeste qui s'achève au milieu des ruines actuelles. Ah ! que du moins cette leçon terrible nous soit salutaire. Que du moins ce coup de foudre nous réveille de notre sommeil de mort !

7 heures du soir.

Le camp de Châlons est levé. Toutes les troupes arrivent ici. C'est à ne pas croire, et cela est ! L'empereur est logé au village de Courcelles-lez-Reims. La grande bataille attendue à Châlons sera-t-elle donnée ici ! A demain de plus amples détails. Les événements vont certainement se succéder avec rapidité.

Reims, 22 août.

MONSIEUR LE DIRECTEUR,

« Puisque la montagne ne veut pas venir vers moi, disait Mohammed-'bn-Abd-Allah, j'irai vers la montagne. »
Plus heureux que le Prophète, j'ai vu venir vers moi le camp de Châlons, où je me disposais à me rendre. Ce nouveau mouvement de retraite a été exécuté avec précipitation et en désordre.

Je me trouvais à la station du chemin de fer quand j'ai vu arriver, venant de Belfort, un train qui portait une batterie de six mitrailleuses, avec les hommes et les chevaux nécessaires pour le service de la batterie. On attendait encore dix-huit autres trains militaires que l'encombrement de la voie empêchait de faire avancer. Hier, à minuit, il y avait cinquante autres trains annoncés pour la journée. Un peu plus tard, j'ai vu passer des troupes, des voitures, des chariots, des fourgons, des bagages, le service de la sûreté impériale, les cent-gardes, etc. Je m'acheminai par la route de Courcelles vers ce village où étaient arrivés l'empereur et son fils. Ils sont logés dans la propriété d'une Mme Sénart.

Un tapissier de Reims, qui s'appelle du nom fatal de Le Bœuf, a fourni le mobilier nécessaire à la vieille Majesté et à la jeune Altesse.

Toute circulation est interdite autour de la résidence impériale. De quoi ont-ils peur ? Dans le moment actuel, les personnes qui font partie de la famille impériale sont des meubles inutiles et encombrants que l'on a grand tort de transporter de çà et de là, et qu'il vaudrait mieux placer en lieu sûr, hors de la sphère des événements, pour disposer ensuite de leur sort quand on n'aura plus à s'occuper que de ce léger détail.

A travers champs, j'allai vers la côte de Saint-Thierry, où se massaient les troupes ; puis, revenant dans la direction de Reims, pour y rentrer par la route et le faubourg de Laon et par les ruines magnifiques de l'arc-de-triomphe romain appelé Porte-de-Mars, je rencontrai l'infanterie, la cavalerie, l'artillerie et tout le train de l'armée de Châlons, qui avaient quitté le camp de grand matin et avaient fait cette longue route en toute hâte et en une seule étape.

Les pauvres soldats étaient fatigués, épuisés, haletants, tout couverts de la poussière blanche qui inonde les plaines crayeuses de la Champagne ; ils étaient méconnaissables. On aurait dit une fuite précipitée après un immense désastre. Les plus faibles, et c'était le plus grand nombre, se couchaient sur le bord de la route. Toute la population de Reims était dehors. Chacun faisait de son mieux pour réconforter et consoler ces malheureux défenseurs de la patrie. Quelques bourgeois les prenaient dans leurs voitures et les conduisaient jusqu'au lieu de campement. Tous les régiments étaient mêlés et confondus. Je remarquai avec peine que, tandis que les soldats et les officiers supportaient tous les ennuis et toutes les fatigues d'une marche désastreuse, la plus grande partie des officiers d'état-major étaient invisibles. Sans doute, avant ou après le départ du gros de l'armée, ils s'étaient fait transporter à leur aise par un train spécial du chemin de fer.

Dans les champs, quelques soldats débandés tuaient quelques lièvres effarouchés, et les portaient ensuite en sautoir ; d'autres poussaient devant eux des bœufs mugissants qu'ils avaient pris à Reims. La vieille cité, qui, depuis le sacre de Charles X, en 1825, n'avait pas vu tant de monde à la fois, en demeurait abasourdie, étourdie et éprouvait tout autre chose que du contentement. Je parle d'un certain nombre d'individus, qui, je vous l'ai déjà dit, craignent plus la Révolution que l'invasion étrangère.

Le maréchal Le Bœuf, que les naïfs de Paris croyaient enfermé à Vincennes, commande, à la place du général Decaen, blessé, la division de cet officier. Frossard, qu'après son inqualifiable conduite à Forbach, on disait arrêté à Metz, est toujours à la tête de son corps. Les généraux de cour et d'antichambre ont toujours la suprématie. J'avais donc raison de vous dire que, si la France veut être sauvée, elle doit, avant tout, se débarrasser de la cour et de tous ses accessoires.

Bazaine et son corps d'armée sont battus : ou le maréchal est en mesure de suivre les Prussiens qui marchent sur Paris, ou, bloqué sous Metz, il les oblige à laisser des troupes de ce côté pour le maintenir. Toute la question est de savoir si, à Paris, il y a assez de ressources pour battre l'ennemi. Des hommes et des canons, des canons et des hommes : il ne faut que cela. Pourra-t-on en si peu de temps porter remède à l'incurie, à l'ineptie, à toutes les dilapidations, à tous les vols de l'administration césaréo-buonapartesque? Là, encore une fois, est toute la question.

—————

Reims, mercredi, 23 août 1870.

Mon cher C...,

Châlons, Chaumont sont occupés par les Prussiens. Le chef de gare de Sainte-Menehould s'est replié sur Reims. Mac-Mahon essaie de rejoindre Bazaine vers les Ardennes. C'est, j'en ai bien peur, une impossibilité et une folie. Mais ainsi le veut, ainsi le commande le maître qu'il traîne avec lui. Et Paris ne proclame pas la déchéance de la famille Buonaparte ?... La France est finie !

Bonjour à tout le monde. Je pense avoir vos lettres à tous demain matin.

9 heures 1/2 du soir.

Il n'y a plus de trains de voyageurs d'ici sur aucune direction. Si je pars demain, ce sera par la complaisance des employés de la gare et sur un train de marchandises. Quant à la poste, elle va devenir sans doute très-irrégulière.

Reims, 24 août 1870.

MONSIEUR LE DIRECTEUR,

La levée du camp de Châlons, la marche forcée en une seule étape, jusqu'au delà de Reims, de plus de cent mille hommes, parmi lesquels il y a bon nombre de soldats qui sont au service depuis huit jours, l'absence de nourriture, le désordre des distributions, tout cela a été une débandade navrante, un spectacle semblable à celui qu'aurait présenté la fuite d'une armée à la suite d'un désastre.

Après avoir campé un jour dans les plaines de Reims, sous Merfy et Saint-Thierry, derrière la Neuvillette, etc., après y avoir tout dévasté, au point que, si les Prussiens veulent faire quelque chose de plus en passant ici, ils n'auront plus qu'à mettre le feu, l'armée est partie dans la direction de Vouziers jusqu'à Bétheniville d'abord.

Le chef de l'État et son fils, meubles inutiles et embarrassants que Mac-Mahon traîne après lui, ont quitté Courcelles-lez-Reims pour aller à Beine.

4*

Mac-Mahon rejoindra-t-il Bazaine, et, réunis, battront-ils l'ennemi? J'en doute fort. Si quelque chose d'approchant se produit, ce ne pourra être avant vendredi ou samedi. En attendant, les coureurs prussiens sont à Châlons ; le préfet a quitté la ville. Le quartier impérial du camp de Châlons et une grande quantité de fourrages, que l'armée, dans son départ précipité, n'a pu, dit-on, emporter, ont été incendiés par ordre, au grand scandale des paysans champenois.

A Sainte-Menehould, il y a aussi des éclaireurs prussiens ; le chef de gare a quitté hier cette ville avec son personnel et ses bagages particuliers et s'est réfugié ici. Enfin, on prétend que, ce matin, entre minuit et une heure, cinq cavaliers prussiens auraient été vus et arrêtés tout près de la gare de Reims. Ce bruit me paraît au moins prématuré.

La visite que j'ai faite au camp avant-hier a été pour moi fort curieuse et fort instructive. J'ai causé avec nombre d'officiers à qui j'étais recommandé et présenté par leurs amis, leurs parents, et qui m'ont parlé avec modération et sang-froid, mais avec une entière franchise. Ils sont à la fin fatigués, écœurés du régime qui a mené la France et l'armée où elles en sont. Voilà, disent-ils, le fruit amer de vingt ans de règne des courtisanes, des agioteurs et des généraux d'antichambre ! Et ils ajoutent : vainqueur ou vaincu, l'empire est fini ; il ne trouvera plus un caporal français pour le soutenir. Ils ne tarissent point sur l'incurie, l'ineptie, l'imprévoyance criminelles qui ont présidé aux commencements de cette malheureuse guerre. Ils comparent avec affliction l'ordre qui règne dans les armées prussiennes et le désordre qui décompose les nôtres. Ils attribuent le relâchement de la discipline dans l'armée française, où elle était naguère si bien établie, à diverses causes, mais particulièrement au choix malheureux des généraux, à la vanité et à la nullité des états-majors, au favoritisme et à la corruption, qui, depuis l'installation du régime impérial, ont disposé des hauts grades et de l'administration militaire. Tous feront leur devoir jusqu'à la mort, mais avec une triste résignation, pleins d'amour pour la France, de dégoût, de honte et de douleur, en présence du malheureux sort qui lui a été préparé par son gouvernement.

C'est ainsi que l'armée française et la France sont punies, l'une d'avoir imposé le coup d'État du Deux Décembre, l'autre de l'avoir subi, et d'en avoir toléré si longtemps le régime dissolvant.

Quand je parle du désordre et de l'indiscipline qui règnent dans l'armée, ce n'est pas sur de simples *on dit* que je m'appuie, et, hier soir, à onze heures, j'ai visité, sous la conduite du commissaire de surveillance et avec une escorte de garde nationale mobile, le théâtre d'une scène de pillage qui avait eu lieu peu d'instants auparavant.

Cinq à six cents soldats de toutes armes, principalement des artilleurs, campés dans le voisinage, sur le boulevard des Promenades, avaient pénétré violemment dans la gare des marchandises, s'étaient jetés sur un train de vivres et de munitions, avaient forcé un grand nombre de wagons, brisé des caisses de biscuits, semé sur la voie les provisions, les cartouches, les projectiles, crevé des sacs de farine, défoncé des tonneaux de vin, pillé jusqu'aux effets, au linge, aux portraits de famille des officiers dont les bagages étaient dispersés au vent sur les rails. Ces infâmes lançaient les pains de sucre et les balles de café au delà de la balustrade, et les vendaient pour un franc, pour dix sous, pour un sou ! On alla, trop tard, requérir la garde nationale mobile du quartier le plus voisin. A peine une dizaine de coupables furent-ils arrêtés. Quand je suis passé sur le lieu de ce désastre, c'était un spectacle désolant à voir, plus désespérant que celui d'un champ de bataille.

Il y a quelque chose de plus grave que tout cela, c'est la situation politique. Tout homme clairvoyant, tout bon citoyen, doit s'en défier plus que de tout autre chose, parce que cette situation est la source de nos maux passés et présents, et serait pour l'avenir celle de calamités bien plus redoutables, si la France permettait qu'elle se prolongeât.

Rouher est venu ici avant-hier, apportant, dit-on, un acte d'abdication tout préparé en faveur de Napoléon IV. Naturellement, cette combinaison a été repoussée par Napoléon III, et je ne songe pas à m'en plaindre.

Considérons la chose d'une façon plus générale. La position de tous est fausse : il faut qu'elle soit franche et nette, il faut qu'on sache aussi clairement qu'en 1792, dans ce glorieux mois de septembre, dont voici venir le soixante-dix-huitième anniversaire, il faut qu'on sache pour qui et pour quoi on se bat : si c'est pour la reconstruction de l'empire autoritaire de 1852, pour la chimère de l'empire libéral et constitutionnel de 1870, pour je ne sais quel fétiche ou quel mensonge légal ou officiel, ou bien pour la France redevenue maîtresse absolue d'elle-même et se gouvernant par elle-même, sans intermédiaire, sans tuteur réel ou nominal, sans fiction, sans entrave, dans la plénitude et la majesté de sa liberté, de son génie et de son indépendance nationale.

Charleville, samedi, 27 août 1870.

Après avoir quitté Châlons, et traînant toujours à sa suite le quartier impérial, Mac-Mahon est allé à Reims, de Reims à Réthel, de Réthel à Tourteron. Il est peut-être aujourd'hui à Vouziers. Rejoindra-t-il Bazaine? Celui-ci a-t-il pu atteindre Montmédy? Hier encore, il n'y avait ni Français ni Prussiens à ce dernier endroit. On dit que l'ennemi est à Dun, à Stenay, à Grand-Pré. Y aura-t-il une ou plusieurs batailles dans les défilés de l'Argonne? Ce sont là des questions auxquelles il est fort difficile de répondre d'une manière précise. Le gouvernement a annoncé à la Chambre des députés que l'armée du prince royal de Prusse continue sa marche sur Paris. J'ai peine à le croire. Il faudrait, pour que cela fût, que cette armée eût reçu des renforts considérables, ou que les deux autres armées prussiennes eussent réduit à l'impuissance Bazaine et Mac-Mahon.

D'un autre côté, si la défense de Paris n'est point paralysée par l'incapacité de l'administration et par les intrigues de la cour, les Prussiens, si nombreux qu'ils soient, n'y pourront jamais entrer. Tout au plus arriveront-ils à obstruer quelques points, à gêner les communications, à dévaster les environs, à produire pour un moment un certain effet moral par leur présence devant la capitale du pays. Pendant ce temps, s'il est vrai qu'une nouvelle armée se forme derrière la Loire, elle pourra venir au secours de Paris, ou remonter, par Lyon, et Besançon vers l'Alsace.

J'ai parlé des intrigues de la cour : il ne faut pas croire que les Rouher, les Persigny, les Cassagnac, toutes les âmes damnées du bonapartisme aux abois, demeurent dans l'inaction.....

Le voyage et le séjour du cousin, fils de Jérôme, à Florence, loin des éventualités de tout champ de bataille, n'a d'autre but que d'intéresser le beau-père Victor-Emmanuel au maintien de la dynastie napoléonienne et à l'adoption de cette base pour toute négociation diplomatique ultérieure.

J'ai vu hier l'empereur à Réthel, d'où il partait avec son fils pour Tourteron ; je l'ai vu, cet élu des populations aujourd'hui foulées, rançonnées, ruinées par l'invasion étrangère : il fumait d'un air sinistre et absorbé son éternelle cigarette. L'enfant paraissait extraordinairement fatigué et montrait des yeux caves et cernés. Cinq ou six voix à peine se sont hasardées à pousser l'une après l'autre un vivat honteux. Le cortége habituel des bagages, des chevaux, des voitures, des fourgons, des guides, des cent-gardes, des gendarmes, des agents de la sûreté se développait sur une longueur de plus d'un kilomètre. Je ne sais pourquoi le chef nominal de l'État s'obstine à suivre ainsi, en simple volontaire, l'armée, où il n'exerce plus aucun commandement.

Rien n'est plus triste que le spectacle de cette espèce de décomposition sociale et politique de la patrie sous l'influence du régime qui pèse sur elle depuis dix-neuf ans, et qui ne saurait être arrêtée que par un réveil énergique et prompt de la dignité et de la liberté nationales. Je vous ai transmis les impressions que j'avais recueillies dans ma visite au camp devant Reims.

J'en ai ressenti de plus pénibles dans la soirée du mardi 24, qui sont venues me confirmer ce que divers officiers m'avaient dit du relâchement de la discipline dans l'armée française. Je vous ai entretenu du pillage d'un convoi par une bande de traînards, principalement des artilleurs campés dans le voisinage de la gare de Reims.

Le lendemain, une tentative semblable fut repoussée dès son début ; la garde mobile tira cinq ou six coups de fusils contre les agresseurs, qui se dispersèrent. A la gare de Châlons, des faits de même nature s'étaient aussi produits. Maintenant, où est l'action militaire qui doit réprimer et punir de pareilles infamies ? Où est la prévoyance administrative qui aurait dû les prévenir, les rendre impossibles ? Où est l'ordre, où est la distribution équitable, sage, rapide, de toutes les choses nécessaires à des troupes en campagne ? Demandez-le à ceux qui ont embourbé la France dans la fange sanglante où elle se débat jusqu'ici vainement.....

J'ai fait le voyage de Reims à Réthel dans des conditions assez singulières. Il ne part plus de Reims aucun train de voyageurs dans aucune direction. J'ai pris place, comme un simple empereur, dans un wagon de troisième classe, le dernier d'un long convoi qui menait à Réthel un bataillon de francs-tireurs ou volontaires de de Paris. Au moment du départ, le bruit courait qu'on se battait à Pont-Faverger et le long dé la ligne de Reims à Réthel. On s'attendait à ce que le train fût attaqué en route. On donna ordre aux volontaires de se tenir prêts à descendre des voitures au premier signal en y laissant leurs sacs et d'attendre le commandement des chefs pour faire feu. On ne ferma point le crochet du bas aux portières des wagons. A six heures du soir, on partit. Les volontaires, pleins de gaîté et d'entrain, chantaient la *Marseillaise*, le *Chant du Départ*, le *Chant des Girondins*, et, entre temps, n'épargnaient pas les quolibets les plus vifs à l'adresse de qui vous pouvez penser.

Nous passâmes le tunnel qui précède Réthel dans une profonde obscurité, car on n'avait pas allumé à Reims les lanternes des wagons. Il était près de huit heures, et la nuit était venue. Nous étions à peine hors du tunnel qu'un coup terrible se fait à la fois entendre et ressentir; il n'y a de doute pour personne : c'est un coup de canon qui a coupé le train et en a arrêté l'arrière. Les volontaires descendent, se placent en tirailleurs derrière une haie, arment leurs fusils. Le moment était solennel. Ce n'était rien cependant, rien du moins de ce qu'on supposait : notre train, lancé à toute vitesse, avait rejoint un train qui le précédait; un violent coup de tampon avait été donné et avait produit le bruit et la secousse terribles qui avaient fait croire à une attaque de l'ennemi. Un grand nombre de ceux qui occupaient les premiers wagons étaient blessés ou contusionnés. On ne pouvait songer à déblayer la voie dans les ténèbres. Tout le monde dut faire la route à pied, quatre à cinq kilomètres, jusqu'à la ville, et je fis comme tout le monde, marchant, mes bagages à la main, dans les terres labourées. Le bataillon des volontaires, au bout d'un certain temps de marche, tourna à gauche pour aller rejoindre le camp de Mac-Mahon, dont on voyait les feux et l'on entendait les clairons et les trompettes à une petite distance.

Arrivé à la ville, je n'y trouvai ni à coucher ni à manger. Tout était plein. A onze heures du soir, je pus obtenir du maître de l'*Hôtel du Commerce* de Réthel un os de gigot, sur lequel il ne restait pas trois bouchées de viande, et une mince couverture que je pliai en quatre sur le plancher d'une salle basse, et sur laquelle je m'étendis pour essayer de dormir. Au bout de quelques heures, je me réveillai moulu et glacé.

Toute la nuit, les troupes du camp avaient défilé pour partir dans la direction des Ardennes. Le matin et toute la journée, le départ continua. A une heure et demie, je trouvai à la gare de Réthel un train militaire qui allait à Charleville ; j'y pris place, et, deux heures après, j'étais arrivé ici, où je vais séjourner deux ou trois jours pour attendre les° événements prochains et voisins.

Charleville-Mézières, lundi, 29 août 1870.

Il semble que l'ennemi veuille, par un mouvement tournant, envelopper Mac-Mahon devant Sedan, comme il a enveloppé Bazaine devant Metz. Sans doute, on parle toujours de la jonction imminente ou déjà accomplie de nos deux maréchaux. Mais je ne me réjouirai de cette bonne nouvelle qu'après en avoir vu les effets éclatants et favorables. Les Prussiens ont paru à Vouziers et à Attigny. Ils menacent Reims et Réthel. Au petit village de Falaise, ils ont tué deux hommes et brûlé dix maisons. A la gare de Chauvency, station qui précède immédiatement Montmédy, il y avait huit cents Prussiens. Arrive un train de subsistances dirigé de Charleville sur Montmédy et escorté de deux cents soldats. Sur l'avis que l'ennemi occupe la gare, on arrête le train, et cinquante hommes s'avancent pour reconnaître la situation. Un combat s'engage. Le capitaine français est fait prisonnier, une dizaine d'hommes sont tués, et le train rebrousse chemin. Hier et avant-hier, il y a eu d'assez forts engagements de cavalerie au Chêne-Populeux.

C'est un triste spectacle que celui de la guerre et de l'invasion. Les hôtels sont pleins de familles qui fuient les campagnes occupées et dévastées, et qui émigrent, pour la plupart, en pays neutre. La Belgique et les deux Luxembourgs, belge et hollandais, regorgent de monde.

5

Il y a ici un grand mouvement d'artillerie depuis hier. Tout paraît se concentrer sur Sedan.

. . . .

2 heures et demie, soir.

On m'annonce en ce moment que la bataille est commencée dans le canton de Raucourt, dans les bois du Mont-Dieu, et que notre artillerie est placée sur les hauteurs de Stonne. On me dit de plus que les Prussiens ont achevé d'incendier le village de Falaise.

Ce soir ou demain matin, je partirai pour Sedan.

4 heures, soir.

Deux compagnies de garde nationale mobile viennent d'être mise en déroute à Margut, village de six à sept cents habitants, situé entre Carignan et Montmédy.

Il y a ici beaucoup de correspondants de journaux.

J'y suis arrivé moi-même avec X..., que j'ai rencontré, à Metz, le 16, et avec qui j'ai eu la bonne chance de voyager depuis lors. Les correspondants de la *Liberté*, du *Peuple français*, du *New-York-Herald* se trouvent également à Charleville en ce moment.

Le chef de l'État est, dit-on, à Raucourt; son fils, qui était venu à Mézières, et que de Mézières on avait dirigé sur Sedan, est revenu à Mézières aujourd'hui.

Pourquoi toutes ces promenades? Ces deux personnages devraient être internés dans un endroit sûr : cela les fatiguerait moins et ne gênerait personne.

La prairie qui s'étend entre Charleville et Mézières est pleine de bestiaux qu'on voit enfermés dans des wagons, sans nourriture, et qui sont arrivés exténués. Il y avait neuf bêtes mortes. Quelle incurie ! Rien n'y échappe.

. . . .

6 heures du soir.

On me raconte à l'instant ceci :

Un des correspondants du *Temps*, M. Gustave Isambert (je l'ai vu le 21 et le 22 à Reims), a été arrêté dans la ville de Réthel, où il s'était rendu le 23 ou le 24. On l'a conduit au grand-prévôt.

— Qui êtes-vous ?

— Je suis un des correspondants du *Temps*.

— Ah ! Ah ! c'est vous qui avez annoncé le premier que M. Rouher était venu à Reims et avait eu une entrevue avec l'empereur. On vous a vu rôder à Courcelles et à Saint-Brice. Vous êtes de la police.

Le mot était joli.

— Comment ! se récria Isambert, de la police ?

— Oui ! de la police de l'opposition !

Le mot était encore plus joli. Ce qui l'était moins, c'est qu'on voulait conduire M. Isambert à Laon, les menottes aux mains. Son arrestation a été maintenue, et l'on ne manifeste pas l'intention de le relâcher de sitôt. Voilà comment la *camarilla* impérialiste traite les représentants de la presse. Que diable ! il faut bien sauver la dynastie !..... — Je n'en vois pas la nécessité.

Sedan, mardi, 30 août 1870, 2 h. du soir.

Mon cher C...,

L'interruption de la ligne du chemin de fer entre Réthel et Charleville a empêché le courrier d'arriver jusqu'à présent. Il devra faire un grand détour par la ligne du Nord et ne viendra que plus tard, ou demain. Je n'ai donc point de lettre de toi, et tu recevras peut-être celle-ci un peu tardivement.

Je suis parti ce matin de Charleville, à sept heures un quart; j'y ai laissé mes bagages ; car je compte y retourner ce soir ou demain, attendu qu'il n'y a rien de nouveau ici. J'ai fait la route en voiture.

Cette route est jolie et suit presque toujours la Meuse, qui est, par ici, assez étroite.

6 heures 1/4.

La poste part. Je te jette ce mot à la hâte.

Sedan, 31 août 1870, 6 h. du soir.

MON CHER C...,

Impossible de sortir d'ici avant que les communications soient rétablies, au moins vers la frontière. J'espère, demain ou après-demain, pouvoir aller à Bouillon. Ici, le courrier de Paris n'arrive plus depuis deux jours, et je t'écris sans que l'employé de la poste ait pu m'assurer que les lettres partiront.

Il y a eu hier une déroute, une débâcle horrible de l'armée française à Stenay, Beaumont, Baucourt, Mouzon. Mac-Mahon s'est replié en désordre sur Sedan avec tout son monde. Donc, point de jonction possible avec Bazaine. Tous les gens sensés considèrent ici la partie comme perdue pour la France.

Je n'ai pas le temps de te donner des détails sur le spectacle navrant auquel j'assiste. C'est bien triste ! Mais quelle leçon ! La France puisse-t-elle en profiter !

Sedan, samedi, 3 septembre 1870, 7 h. du matin.

CHERS AMIS,

Si vous avez eu quelques inquiétudes à mon égard,

n'en conservez plus aucune. Ja suis sain et sauf. Dès que les portes seront ouvertes, je demanderai à l'état-major... prussien, hélas ! un sauf-conduit, et je filerai sur Charleville, Givet, Liége et Paris. Du premier point où je pourrai écrire avec certitude, j'écrirai en détails.

J'ai hâte de vous embrasser tous.

On dit que la République est proclamée à Paris. Espérons-le !

Je ne sais si ce mot vous parviendra (1).

Sedan, dimanche, 4 septembre 1870.

J'ai demandé un sauf-conduit. J'espère l'avoir aujourd'hui, à trois heures, et partir pour Bouillon.

Bouillon, dimanche, 4 septembre 1870, 10 h. du soir.

Mon cher C...,

Je suis arrivé ici, il y a une heure, étant parti à cinq heures de Sedan. J'ai fait la route à pied en compagnie de X... et d'un capitaine de la ligne avec sa femme. Dix-huit kilomètres ; pays admirable : l'Ardenne belge. Demain, nous joindrons la première gare du chemin de fer pour Bruxelles, où je ferai viser mon passe-port pour la France. Mes bagages sont toujours à Charleville.

On disait hier et ce matin, à Sedan, que la République était proclamée à Paris. J'ai peur que cela ne soit pas vrai. On n'en sait rien ici.

---

(1) Il n'est arrivé à Paris que dans les derniers jours de janvier, après la conclusion de l'armistice.

Bouillon, 5 septembre 1870, 5 h., matin.

MONSIEUR LE DIRECTEUR,

Je vous dois l'explication de mon long silence, dans des circonstances où il y avait tant à dire.

Comme je crois vous l'avoir annoncé, je suis parti, le mardi 30 août, pour Sedan, où je savais que le mouvement allait se concentrer. En arrivant là, le matin, entre dix et onze heures, je trouvai tout fort calme ; le soir, j'assistais à la débâcle du corps de Failly, se rabattant dans le plus grand désordre sur la ville. Puis, revint Mac-Mahon avec toute l'armée ; puis, je fus témoin de la bataille et du bombardement du 1er septembre, de l'évacuation du 2 et du 3, en vertu de la capitulation signée par Wimpffen. Je n'avais plus aucun moyen de communiquer avec personne.

Comme l'armée, comme les habitants de la ville, j'étais prisonnier des Prussiens. Ce n'est qu'hier, à cinq heures du soir, qu'ayant, après mille démarches pénibles, obtenu enfin un sauf-conduit, j'ai pu quitter Sedan.

J'ai pris mon chemin à pied par Fond-de-Givonne, Givonne, La Chapelle ; j'ai passé la frontière belge, et, après dix-huit kilomètres de marche, je suis arrivé, à neuf heures du soir, dans Bouillon.

Un habitant de la ville m'a donné l'hospitalité. Je vais partir aujourd'hui pour Bruxelles, où je ferai viser mon passeport pour France, et je rentrerai le plus tôt possible à Paris.

De là, je vous écrirai en détail tout ce que j'ai su, tout ce que j'ai vu.

Quæque ipse miserrima vidi,
Et quorum pars parva fui.

Ces choses, bien que n'ayant plus qu'un intérêt rétrospectif, en ont un très-réel. On a trompé la France, on lui a menti jusqu'au dernier moment, au delà même de ce moment. Chacun doit mettre au jour la parcelle de vérité qu'il peut avoir conquise à ses risques et périls. A bientôt donc.

P.-S. — Hier, l'ex-empereur, qui avait été amené à Bouillon par une escorte prussienne, a quitté cet endroit et a été dirigé sur Cassel. Il paraît que des paysans stupides ont passé, en très-petit nombre, la frontière et sont venus brailler, sur le passage de l'homme, quelques rauques vivats. Pauvres gens ! Pauvre France !

Enfin, la leçon est rude. J'espère encore qu'elle nous profitera.

Bruxelles, mardi, 6 septembre.

Puisque j'ai ici quelques heures de loisir, je ne veux pas attendre d'être arrivé à Paris pour vous raconter ce que j'ai vu à Sedan.

Je suis arrivé, dans cette dernière ville, il y a aujourd'hui huit jours, le mardi 30 août, sachant que tout l'intérêt de la guerre allait se porter de ce côté.

Je n'avais jamais cru au mirage de la jonction de Bazaine et de Mac-Mahon ; mais, quoi qu'il en dût être, il était certain que la partie qui allait être jouée devait être décisive.

J'avais les plus tristes pressentiments, et ils étaient amplement justifiés par tout ce dont j'avais été témoin depuis mon arrivée à Metz, trois semaines auparavant.

Le mardi, 30 août, au matin, Sedan présentait le calme le plus complet. Je descendis à l'hôtel de la Croix-d'Or, situé au coin de la place Turenne et de la rue de Larochefoucauld, en face de la rue du Pont-de-Meuse. Je comptais, selon ce que j'apprendrais de la marche des événements, me diriger vers Carignan et Montmédy, ou retourner à Charleville.

Vers quatre heures, je me promenais, en compagnie de X..., hors de la porte de Balan, sur la route de Bazeilles et de Raucourt, Mouzon, etc.; je fus arrêté ainsi que lui par quatre gardes mobiles et un gros petit bourgeois, nu-tête et fort essoufflé, lesquels couraient pour nous réjoindre depuis assez longtemps. Ces braves gens, nous prenant pour des espions aux gages de Blumenthal, nous demandèrent nos papiers.

Nous avions eu la bonne idée de nous munir, avant de quitter Charleville, de passeports en bonne et due forme, délivrés par le préfet des Ardennes, et nous exhibâmes avec solennité cette sauvegarde de notre liberté.

Aussitôt, le groupe, qui subitement nous avait enveloppés sur la route par un mouvement tournant digne des plus savants stratégistes, se rompit à la voix du petit gros bourgeois nu-tête et essoufflé. Les cinquante ou soixante badauds qui s'étaient amassés en un clin d'œil se dispersèrent, et nous rentrâmes en ville. La patrie était sauvée. Hélas !

A peine avions-nous franchi la porte, que nous rencontrâmes la tête d'un interminable convoi de vivres, de fourrages et de munitions qui allaient vers l'armée de Mac-Mahon, dont le quartier général était à Mouzon. Ce convoi se développait dans toute la longueur de la ville, et, sur tout son parcours, les habitants faisaient la haie, distribuant aux soldats du pain, des verres de vin ou de bière, qu'ils buvaient péniblement et à la hâte, secoués par le trot de leurs chevaux, des fruits, des cigarres, des saucissons, des boîtes de sardines, du chocolat et jusqu'à des gâteaux.

Il y avait plaisir à voir ces rudes moustaches mordre en souriant dans ces douceurs. Quelques personnes donnaient même de l'argent, ce qui me choquait un peu.

Le spectacle de ce défilé, animé et pittoresque, l'entrain des soldats, la cordialité des Sedanais, tout cela fit rentrer en moi un rayon d'espérance, et ce que j'entendis dire, à la table de l'hôtel, par quelques personnes, acheva de me rasséréner un peu. Ce n'était pas pour longtemps.

Vers huit heures et demie du soir, en me promenant sur la place Turenne, je vis arriver d'abord, par la rue Napoléon, puis par la rue du Pont-de-Meuse, des cavaliers, des dragons pour la plupart, traînant des chevaux éclopés; bientôt des fantassins apparurent par petits groupes, en désordre, couverts de poussière, harassés, brisés, quelques-uns blessés.

C'étaient des soldats du 3e, du 21e et du 47e régiments de ligne. Ils racontaient qu'escortant un convoi de vivres, ils avaient été surpris (toujours surpris !) et mis en déroute. Ils appartenaient au corps de Failly. Tandis qu'ils affluaient de plus en plus, nous vîmes revenir de la cavalerie, chevaux sans maîtres, cuirassiers sans cuirasses, cavaliers à moitié habillés en fantassins, puis les artilleurs...

— Où sont donc vos pièces de canon, vos mitrailleuses ? leur demandait-on.

— Ils ont tout pris, répondaient-ils en baissant la tête et avec une rage concentrée.

Ces malheureux étaient furieux et navrés. La panique avait gagné toute l'armée de Mac-Mahon. Celui-ci, voyant, à Mouzon, les fuyards se rabattre, leur avait dit :

— Eh quoi ! vous battez en retraite ?

Et il s'était mis à pleurer.

Alors, avec tout le monde, il se replia sur Sedan, et, pendant toute la nuit et toute la journée du lendemain, ce mouvement d'une retraite désordonnée et lamentable s'accomplit. Dès ce moment, tout était perdu.

Le matin, je vis passer à cheval Mac-Mahon ; je le vis à l'hôtel de la Croix-d'Or, où il prit ses repas ; la tristesse la plus profonde était peinte sur son visage.

Croyant partir le lendemain, nous avions arrêté nos chambres pour une nuit seulement. Nous apprenons bientôt que le voiturier qui nous avait amenés de Charleville, pris de peur, était parti sans nous attendre. Nous étions condamnés à rester à Sedan, et l'on avait disposé de nos chambres. Nous étions sans domicile, et déjà il devenait difficile de trouver à manger.

Nous eûmes les plus grandes peines à nous procurer du vin, deux petites boîtes de sardines et de homard, quelques pâtisseries sèches, et nous ne dûmes un morceau de pain qu'à la haute bienveillance d'une boulangère, à qui il en restait un peu.

Nous allâmes nous établir avec ces provisions au café des Glaces, et nous mangeâmes de bon appétit ; après quoi, nous nous mîmes en quête d'un gîte pour la nuit.

Pas une chambre, pas un matelas, pas un fauteuil où nous reposer, et nous étions résignés à dormir à la belle étoile, quand, sur la place Turenne, une brave et digne personne nous demanda si nous avions un logement.

Comme nous lui répondîmes que nous n'en pouvions trouver, elle nous offrit chez elle un abri que nous nous empressâmes d'accepter, et elle nous introduisit chez elle, dans les pénates hospitaliers de M. et de Mme Félix Fricaud, marchands drapiers, dont je conserverai toujours le meilleur souvenir, et qui nous reçurent sous leur toit pendant quatre jours. Des matelas furent étendus à terre dans un petit salon, et nous nous y couchâmes tout habillés.

Le lendemain, jeudi, 1er septembre, nous fûmes éveillés dès l'aube par le bruit de la canonnade et des mitrailleuses.

La bataille se donnait autour de Sedan, et le canon de la place prenait une part vigoureuse à l'affaire.

Vers neuf heures du matin, nous allâmes au café de la Comédie, situé sur la place de Turenne, en face de l'hôtel de la Croix-d'Or, prendre un peu de chocolat à l'eau, sans pain.

L'encombrement de la ville défie toute description. Des fourgons, des chariots stationnaient ; des troupes sortaient incessamment en files inépuisables. Le canon tonnait, les mitrailleuses grinçaient de plus en plus.

Je me mis à écrire sur une table du café. Au milieu d'un mot, je fus interrompu tout à coup : un obus venait de tomber et d'éclater sur la place, à quelques mètres du kiosque vitré où j'écrivais. Il avait tué des chevaux et blessé plusieurs personnes.

Nous nous réfugiâmes dans la cuisine du café, un peu plus abritée contre le bombardement, qui s'accentuait de minute en minute. Il y avait cependant de l'imprudence à rester là. Le maître du café nous fit descendre dans sa cave, qu'il assurait être bien voûtée. Malheureusement, elle était pleine d'un mètre d'eau, grâce à la Meuse, qui coule le long du mur de la maison et qui avait été récemment barrée pour l'inondation des fossés.

Nous nous juchâmes sur des poutres, contre des tonneaux de bière, et attendîmes. Cependant, cette position grotesque et désagréable nous fatiguait, et nous remontâmes dans la cuisine.

Les obus pleuvaient de tous côtés : l'hôtel de la Croix-d'Or en reçut un qui pénétra à travers une épaisse muraille dans la salle à manger, un autre qui entra par une fenêtre et mit le feu à des lits.

On signalait plusieurs incendies dans la ville. Bientôt un obus vint fracasser la fragile devanture du café de la Comédie, briser les glaces, les banquettes, les tables de marbre et blesser un garçon de l'établissement.

Nous restâmes jusqu'à la fin dans l'arrière-boutique. Un nouvel obus tomba sur le trottoir, devant la porte, et donna une violente secousse à toute la maison.

La foule commençait à affluer dans le café. C'étaient des soldats de toutes armes qui revenaient dans un état pitoyable et annonçaient la déroute complète, le désastre entier. Puis, il vint des officiers, des généraux, des blessés.

On amena un général, qui venait d'être frappé, non d'un obus, mais d'apoplexie, et qui expira bientôt. Dans toute cette foule, il n'y avait qu'un cri de malédiction contre l'incurie, l'incapacité, la lâcheté de la plupart des généraux.

On en citait qui, avec des officiers d'état-major, avaient passé leur temps à boire des chopes dans le cabaret d'un village pendant la bataille. L'état-major et l'intendance étaient honnis d'une voix commune. On rendait hommage au courage des officiers subalternes.

On se plaignait d'avoir été mis, soit dans des positions où il n'y avait pas moyen de tenir et où l'on était écrasé avant d'avoir eu le temps de riposter à l'ennemi, soit dans des positions où l'on était demeuré tout à fait inutile, et où l'on n'avait pu brûler une cartouche. L'artillerie avait fait bravement son devoir.

Quelques régiments de ligne, formés de jeunes soldats non encore aguerris, avaient lâché pied. Tout le reste s'était admirablement battu. Mac-Mahon, blessé grièvement dès le début, avait dû quitter le champ de bataille, et, dès lors, tout commandement avait disparu.

A quatre heures et demie ou cinq heures, le feu cessa. On sonna bientôt, par la ville, l'extinction des feux de dix heures et la cessation du feu. Le drapeau blanc flottait sur la citadelle.

Des parlementaires s'étaient rendus réciproquement d'un camp dans l'autre. On négociait les conditions de la capitulation. Il n'y avait ni vivres ni munitions ; l'ennemi était maître des hauteurs qui dominent Sedan.

Je n'ai pas besoin de vous dire les conditions terribles de la capitulation, vous les connaissez depuis longtemps. Je n'ai jamais éprouvé d'émotion semblable à celle que je ressentis quand je vis, le 2 et le 3 septembre, défiler, comme un troupeau, cent mille soldats français allant rendre leurs armes à l'ennemi vainqueur.

Le plus grand nombre, en passant sur les ponts, jetaient avec rage leurs épées, leurs sabres, leurs fusils, leurs pistolets dans la Meuse, qui regorgeait de ces tristes débris. D'autres brisaient leurs armes sur le pavé boueux de la ville. Quelques-uns les traînaient jusqu'à la porte et les jetaient, avant de sortir, devant les sentinelles prussiennes. On ne peut se figurer l'encombrement des rues de la ville, dont pas un pavé n'était libre à la circulation.

On ne pouvait passer d'un lieu à un autre lieu très-rapproché qu'à grand'peine, en y mettant un très-long temps, et en escaladant les fourgons, en se glissant sous le ventre des chevaux. Ces derniers étaient d'ailleurs peu vigoureux et peu à craindre, n'ayant, comme beaucoup de leurs cavaliers, rien mangé depuis deux ou trois jours. Partout, je l'ai dit, on ne maudissait pas moins l'intendance que l'état-major.

Il ne faut pas se lasser de le répéter : ce n'est pas la bravoure qui a vaincu l'armée française, c'est la science, l'ordre, la discipline, la précision. Une telle guerre, par le paroxysme d'irrésistibilité où elle s'est élevée, est la démonstration de l'absurdité de la guerre et la condamnation du militarisme, de cette sorte de mécanique et d'horlogerie militaires qui ont fait uniquement le succès de la Prusse, succès prodigieusement aidé et accru par la prodigieuse ineptie du gouvernement impérial et de ses suppôts.

Quoi ! des hommes se tuent à trois et quatre kilomètres de distance, sans même se voir ! Pourquoi ne pas se battre aux deux bouts d'un fil électrique au moyen des décharges foudroyantes de bouteilles de Leyde agglomérées en batteries ? Ce serait propre, silencieux et expéditif.

Les difficultés, les impossibilités matérielles de la vie se multipliaient et s'accroissaient d'heure en heure à Sedan. Tout le monde était prisonnier.

Je vous fais grâce du récit de nos tribulations pour obtenir du commandant prussien de la place un sauf-conduit. Dans le cours de mes démarches, j'eus occasion, le dimanche matin, de lui entendre répondre à quelqu'un qui lui disait que le général de Wimpffen n'était pas encore levé : « Vos généraux dorment toujours ! » C'est le mot de la campagne de 1870.

Le dimanche soir, à cinq heures, muni enfin d'un

papier constatant mon identité et ma qualité, je partais à pied de Sedan pour me rendre à Bouillon. Le dernier jour, j'avais reçu d'un libraire sedanais et de sa famille, M. et Mme Tellier et fils, une hospitalité cordiale et intelligente que je n'oublierai jamais.

La route de Sedan à la frontière, à travers les postes prussiens, à chacun desquels il fallait exhiber son laisser-passer, à travers un coin du champ de bataille du 1er septembre, où les cadavres d'hommes et de chevaux gisaient encore en grand nombre, cette route fut triste.

La nuit tomba, une nuit sereine et calme, illuminée par l'armée féconde et pacifique des étoiles et la chaste et pure clarté de la lune sans voile.

Quel contraste entre ces splendeurs douces de la nature et ces grandes horreurs de la guerre ! Le pays devenait de plus en plus magnifique, et la senteur saine et forti-fiante des bois de sapins nous enivrait et chassait le dernier souvenir des âcres parfums du champ de ba-taille.

Nous arrivâmes aux avant-postes ou grand'gardes belges, sévères et impartiales gardiennes de la neu-tralité :

« Qui vive ! » — « Français ! »

Et nous passons.

Bouillon est une ville de trois mille habitants, qui en contient aujourd'hui quinze mille. On nous accueille avec la plus grande cordialité.

On voit que la France est aimée quand elle est libre. Un vieux soldat belge de soixante-quatorze ans, M. Ni-colas, nous recueille chez lui pour la nuit. Nous partons le lendemain pour Longlier, où nous trouvons le chemin de fer qui nous conduit à Namur, puis à Bruxelles.

Nous avions, depuis Sedan, en notre compagnie un

capitaine du 34me de ligne. M. H. V... et sa femme, charmant couple. Ici, dans les rues, sur les places, on fait fête à l'uniforme français, on entoure notre capitaine, on lui serre la main.

Les sympathies reviennent á la France délivrée du carcan impérial. La chute de l'empire est considérée partout comme équivalant pour la Prusse à une grande défaite. L'élan national de la France ne sera plus paralysé par quoi que ce soit. Les jours de septembre 92 sont revenus avec la terreur en moins, la sagesse en plus. L'Europe, désormais sans défiance, ne peut que s'intéresser à la République française, et travailler, dans l'intérêt de tous les peuples, à amener entre l'Allemagne et la France la conclusion d'une paix durable et honorable pour les deux nations.

Jusqu'à ce que nous en soyons là, veillons ! veillons pleins d'espérance, pleins de foi, et, si grand que soit le danger de la patrie, soyons dignes de nos pères et de nos fils !

V

LA RÉPUBLIQUE. — L'EUROPE.

Tout le monde sait, après le traité de Francfort, après l'insurrection du 18 mars, ce que les événements ont fait des espérances que nous caressions, aux premiers jours de septembre 1870, dans la dernière lettre qu'on vient de lire.

Il est de mode, aujourd'hui, de maudire le Quatre Septembre, et l'enfantillage, à ce propos, est allé, pendant un instant, jusqu'à en retirer le nom à la rue qu'on en avait décorée. Pour nous, dans la journée du 4 septembre, nous verrons toujours un grand bonheur et une grande gloire : la chute de l'empire réalisée et l'accomplissement de cette heureuse révolution obtenu sans qu'une goutte de sang ait été versée. Qu'on le maudisse et qu'on le condamne après cela si on l'ose. On ne saurait le faire sans se montrer dépourvu de toute espèce de sens moral et de sens politique, de dignité et de patriotisme.

Mais laissons les récriminations. Le temps n'est pas venu, croyons-nous, d'écrire l'histoire vraie et impartiale des grandes et terribles années qui s'appellent 1870 et 1871. Nous n'avons, en ce moment, à envisager le passé qu'au point de vue des leçons qu'il peut nous offrir pour l'avenir. C'est vers l'avenir qu'il faut nous tourner, et c'est à une étude sérieuse et assidue qu'il faut avoir recours pour en résoudre la redoutable énigme et en assurer la stabilité.

VI

La nationalité française, l'unité et l'indivisibilité de la République, l'indépendance de la patrie, voilà ce qui a été en péril après Estienne Marcel, après Jeanne Darc, après Jacques Cœur, après la guerre de Cent ans, après les États généraux de 1593, après les luttes héroïques et colossales de 1792 ; tel est le problème dont l'Allemagne a contesté à main armée la solution qu'on croyait définitive et qu'elle a entamée et en partie détruite, en présence de l'Europe stupéfaite, indignée, et pourtant silencieuse.

Nous avons toujours pensé que la politique doit être une science, et non la succession intermittente et grossière de quelques ruses et de beaucoup de hasards.

C'est en vertu d'un instinct et d'un bon sens naturels que les révolutionnaires, — nous parlons de la foule et non de l'élite, — se trouvent dans le vrai, bien plus que par la science politique à laquelle ils sont généralement étrangers, et qu'un trop grand nombre d'entre eux se fait gloire de mépriser. Quant à leurs adversaires de toute couleur, ils se sont trop longtemps imaginé qu'un certain pédantisme et l'habitude de détenir le pouvoir devaient leur tenir lieu de science véritable.

Parmi les applications les plus souhaitables de la science à la politique, nous plaçons au premier rang celle de l'ethnologie, du problème des races, problème préjudiciel à l'étude et à la solution de toutes les questions internationales.

L'humanité, les races, les nations s'ignorent et se heurtent à tâtons dans les ténèbres depuis des milliers de siècles. C'est aux politiques de les guider à la lumière de la maxime delphique : « Connais-toi toi-même ! » et de faire enfin cesser le chaos que le vulgaire, en jugeant de l'avenir par le passé, croit devoir être éternel.

Le pédantisme, dont nous parlions tout à l'heure, et qui est à la science ce que la fausse monnaie est à la bonne, se plait à opposer les *races latines* aux *races germaniques*, proclame solennellement la supériorité de celles-ci et la décadence de celles-là, et n'a pas de peine à expliquer, par cette supériorité et cette décadence, l'étrangeté foudroyante des événements qui se sont précipités pendant sept mois sous nos yeux.

Nous en sommes bien fâchés pour cette belle théorie, mais il n'y a pas de *races latines*. Cette qualification conviendrait tout au plus aux descendants des colonies trajanes de la Dacie ; encore les habitants actuels des provinces danubiennes se présentent-ils à nous mêlés d'éléments fort divers.

On peut seulement admettre qu'il y a des *langues latines* ; et il faut en même temps ne pas laisser ce groupe dans un isolement systématique et absolu, savoir le rattacher, conformément à l'état réel et originel des choses, aux groupes congénères, et mettre en pratique, là comme ailleurs, le grand principe de la fraternité humaine.

Le développement de la thèse que nous abordons ici demanderait des volumes. Qu'on se rassure et qu'on nous pardonne : dans le travail restreint auquel nous nous bornons, il suffit que nous tracions à grands traits et le plus rapidement possible les contours et les lignes principales du tableau.

Quand on parle des races latines, on en rapporte évidemment l'origine à l'extension considérable de la domination romaine. Or, cette domination a englobé la Grèce, une grande partie de l'Asie, l'Egypte, la Libye, la Grande-Bretagne et la Batavie, aussi bien que l'Italie, l'Espagne et la Gaule. Pourquoi donc restreindre aux populations de ces trois derniers pays la dénomination de races latines ? Sans doute parce que ces populations parlent des langues de structure latine. C'est donc avec raison que nous disions plus haut : Il y a des langues, il n'y a point de races latines.

En effet, pour ne nous occuper que de notre pays, quelle quantité de sang romain croit-on que la conquête de C. Julius Cæsar et la domination de ses successeurs aient infusée dans les veines gauloises ? Une quantité minime, en vérité.

Quand les Romains vinrent dans la Gaule, de quels éléments était composée la race qui l'habitait ?

Ne parlons pas du petit homme noir des cavernes, si voisin du singe, à face prognathe, à pommettes saillantes. La première couche historique de population qui couvre le sol de notre patrie est celle des Ibères, très mélangée, formée de Tatars et surtout de Sémites. Sur ce fond primitif, dont les Basques actuels sont, comme sang et comme langue, un spécimen encore vivant et extrêmement curieux, vint se déposer, vers le xxᵉ siècle avant l'ère vulgaire, la grande alluvion des Galls ou Celtes, véritable substance et partie majeure de la nationalité française.

Qui sont les Galls et d'où viennent-ils ?

Poussés par les Germains, que poussent les Slaves,

ils viennent du fond de l'Asie septentrionale, et sont une des plus magnifiques branches du rameau aryan. Leur langue, sœur du sanskrit et du zend, est, comme celle des Germains, dont elle différait encore bien peu du temps de C. Julius Cæsar, fille de la langue perdue des Aryas primitifs de la Bactriane.

Treize cents ans plus tard, les Kimrs *(Cimbri)*, aryans comme les Galls et faisant partie, avec les Teutches *(Teutoni* ou *Teutones)*, de la branche germanique, viennent apporter dans la Gaule un sang d'origine commune, mais plus jeune, plus pur, plus vigoureux, et y introduisent le druidisme, culte scientifique et symbolique de la nature.

Dès ce moment, du Rhin aux Pyrénées, des Alpes à l'Océan, il y eut un ensemble, une société, une harmonie de peuples dans des frontières naturelles. Trois nuances distinctes de population habitaient ce vaste territoire : les Kimrs au Nord, les Galls au Centre, les Ibères au Sud. Ce sont les trois groupes que C. Julius Cæsar appelle Belges, Celtes et Aquitains.

La domination romaine agit surtout d'une manière profonde et définitive sur la langue des Gaules. Malgré les origines antérieures et des affluents divers, le français est sorti presque entier de la souche latine. Au fond, ce fut une alliance de famille : le celtique et le sanskrit sont, nous le répétons, des langues sœurs, et le latin descend en ligne directe du sanskrit.

Ce ne fut guère que la haute société et la classe administrative qui devinrent gallo-romaines : le peuple demeura gaulois. Aussi trouva-t-il son salut et sa régénération dans ce qui fit la perte de l'Empire romain. L'invasion des Barbares du ve siècle, Wisigoths, Burgondes, Franks, tous de race indo-germanique, rajeunit le sang de nos pères, comme l'avait fait jadis la venue des Kimrs. La lutte de la Neustrie et de l'Austrasie ne fut que celle de l'élément romain et de l'élément germanique ; le dernier l'emporta par la victoire de Peppin d'Herstall à Testry ; et, un peu plus d'un siècle après, l'empire frank du grand Karl s'étendait sur l'Occident.

En résumé, à part quelques éléments sémitiques, souvenirs lointains des Ibères, colonies phéniciennes de l'antiquité, domination sarrazine du moyen âge, gouttes d'eau perdues dans un océan, les origines de la population française sont purement aryanes ou indo-germaniques. Galls, Kimrs, Phocéens, Romains, Wisigoths, Burgondes, Franks, Normands ne sont que des frères d'âges différents, dont les descendants, confondus dans un mélange parfait, unis dans un ensemble compact, s'appellent la nation française. Sans doute, aux extrémités de notre territoire, on parle flamand, italien, basque, celtique ; mais le sang y est aussi chaudement français qu'au cœur de notre pays, et Strasbourg a prouvé que le patriotisme y allait jusqu'à l'héroïsme.

Nous venons de nommer les Romains parmi les sources aryanes de la nationalité française. En effet, les races de l'Italie, soit antiques, soit modernes, sont aryanes, et, tout comme celles de la Germanie, se trouvent les unes à l'égard des autres dans un rapport étroit de fraternité originelle. Si l'on excepte, pour l'antiquité, les Ibères, et, pour le moyen âge, les Sarrazins, toutes les couches successives de population qui ont contribué à former la nation italienne, Ausones, Pélasges, Ombriens, Grecs, Étrusques, Hérules, Ostrogoths, Langobards, Normands, appartiennent au rameau aryan ou indo-celtique de la race blanche.

Il n'y a donc aucune raison de parquer ce que l'on

appelle les races latines dans une hostilité permanente et systématique en face des races germaniques, puisque, en remontant le cours des âges, on leur découvre, par le sang et par la langue, une origine commune et un même point de départ dans le sein des Aryas primitifs.

Ainsi, c'est véritablement une lutte fratricide que l'aventurier ignare et flegmatique, fait prisonnier à Sedan, a provoquée entre la France et l'Allemagne, et que le roi et le ministre prussiens, pour qui la force prime le droit, ont poursuivie, à outrance, même après que le provocateur eut disparu de la scène politique.

M. de Bismark, qui est un homme très-habile en plus d'un art, n'est pas sans avoir quelque teinture d'ethnologie et d'histoire. Il doit, par conséquent, savoir quelle force invincible ont les races pour se séparer quand on prétend les réunir violemment, pour se rapprocher quand on veut les briser malgré elles et en disséminer les morceaux.

Il doit savoir que l'œuvre de conquête et de destruction qu'il s'obstine à tenter d'accomplir est éphèmère, chimérique, contre nature.

Il doit savoir, ou, s'il ne le sait pas, il l'apprendra à ses dépens, que les rois et les ministres passent et trépassent, mais que les races demeurent, que les peuples persistent, que les nationalités durent, et qu'un jour, peut-être prochain, verra, sur les ruines sanglantes de sa politique de Kaïn, la République française et la République germaine debout, intactes et prospères, se donner fraternellement la main.

VII

L'histoire de l'Europe, pendant les dix derniers siècles, n'est que le développement en action des principes ethnologiques et politiques que nous venons d'énoncer.

Karl, fils de Peppin, konung des Franks, fut assurément un grand prince, et le surnom lui en est demeuré accolé à son nom dans l'appellation vulgaire de « Charlemagne. » L'erreur de son puissant génie fut de se tourner vers le passé, et d'en réaliser, par la seule vertu de cette puissance extraordinaire, une restauration artificielle, qui ne dura guère plus que sa vie.

Le grand Karl rêva la monarchie universelle, et il ne sut trouver, pour cette idée, d'autre forme que le moule brisé de l'Empire romain, dont il rassembla et rajusta du mieux qu'il put les débris.

Pour l'accomplissement de son œuvre, il ne put se dispenser de s'appuyer sur la papauté, dont il constitua le pouvoir temporel que son père avait ébauché, et sur le germe de la féodalité qu'il développa et que le capitulaire de Kiersy-sur-Oise, rendu par Karl-le-Chauve, en 877, fit éclore définitivement.

La papauté et la féodalité furent les héritières directes et inévitables de l'empire karlingien ; en elles avait été la condition de sa naissance : en elles résidait la fatalité de son éphémère durée.

L'Europe est habitée par des peuples dont l'origine commune est aryane, à part quelques mélanges insignifiants fournis par des éléments tatars ou sémitiques. Il y a là certainement le motif sérieux et le fondement légitime d'une unité dont la pensée n'a pu échapper aux esprits politiques de tous les temps.

Suivant le double courant de la révolution et de la réaction, du despotisme et de la liberté, de la tyrannie et de la démocratie, on peut rechercher au problème redoutable de cette unité deux solutions entièrement opposées : l'établissement de la monarchie universelle ou la création des États-Unis d'Europe.

Charlemagne et Charles-Quint, Philippe II et, le dernier venu, Nabulione Buonaparte, dont tout le génie politique a été celui d'un parodiste, ont naturellement poursuivi la première de ces deux solutions ; et, chaque fois, l'événement a prouvé qu'elle était incompatible avec la nature des choses et condamnée à un avortement misérable après un temps d'essai plus ou moins court.

L'autre solution est celle d'un avenir aujourd'hui prochain, et dont l'horreur de la dernière guerre et le rayonnement pacifique de la République française ne peuvent manquer de hâter la réalisation.

Si la presque totalité des populations de l'Europe appartient au rameau aryan de la race blanche, rameau progressif par excellence, élite de l'humanité, il n'en est pas moins vrai qu'il y faut distinguer des branches variées, des nuances diverses, qui répugnent absolument à se confondre, mais qu'il est possible, souhaitable, et qu'il sera bientôt nécessaire, de rapprocher, d'unir, de relier en un ensemble harmonieux.

L'institution des États-Unis d'Europe, fondée sur le libre consentement des peuples et sur le respect du patriotisme de chacun d'eux, est seule capable de faire passer du domaine de la spéculation pure dans celui des faits accomplis ce rapprochement, cette union, cette confédération.

Vers le commencement du xvie siècle, la diplomatie vint au monde, et cette ingénieuse personne se flatta d'avoir deviné le mot de l'énigme, en inventant une sorte de juste-milieu, de *mezzo termine*, qui fut appelé l'ÉQUILIBRE EUROPÉEN. Après les essais informes de la Ligue de Cambrai (1508) et de la Sainte-Ligue (1511), elle enfanta dans la douleur les traités de Westphalie, auxquels Louis XIV rendit la vie fort dure.

L'équilibre européen, tout a fait rompu par les guerres de la Révolution et du premier empire, fut encore très-savamment rétabli par les traités de 1815, qui, dès 1830, n'étaient plus intacts. Ce fut comme le testament de la vieille dame qui, depuis, n'a fait que languir, et qui, aujourd'hui décrépite, ne sera certainement plus en état, avant son décès prochain, de donner le jour à une troisième édition de son fameux « Équilibre. »

Les deux solutions de la paix européenne, par la monarchie universelle et par l'équilibre des puissances, étant écartées, il ne reste plus, nous le répétons, que celle de l'alliance, de l'union, de la fédération des peuples.

Pour que cette fédération soit possible, légitime et féconde en heureux résultats, pour qu'elle devienne profitable à la civilisation générale et au progrès de l'humanité, il importe que les éléments en soient distincts, libres et compatibles.

Les trois plus considérables d'entre ces éléments se sont dégagés, il y a un peu plus de mille ans, du chaos européen dans le traité célèbre conclu à Verdun, au mois d'août de l'an 843. Ce traité était la conséquence de la bataille de Fontanet (aujourd'hui Fontenailles, dans l'Yonne), livrée le 25 juin 841, et dans laquelle Karl-le-Chauve et Hlodwig-le-Germanique avaient vaincu leur frère, l'empereur Hlother Ier.

Huit mois après, les deux vainqueurs, réunis entre Bâle et Strasbourg, dans le Lugenfeld (Champ du Mensonge), se jurèrent l'un à l'autre une alliance offensive et défensive contre l'empereur. Ce serment est le premier monument de la séparation des langues théostiques, tudesques ou germaniques, d'avec les langues romanes. Le traité de Verdun consomma la séparation politique des peuples, et l'on a eu raison de l'appeler l'acte de naissance des trois grandes nations modernes : la France, l'Italie et l'Allemagne.

Tandis que le royaume attribué à Karl II était compris entre l'Escaut, la Meuse, la Saône et le Rhône au Nord et à l'Est, la Méditerranée et les Pyrénées au Sud, l'Océan à l'Ouest, et que Hlodwig-le-Germanique obtenait les pays situés entre le Rhin, la mer du Nord, l'Elbe et les Alpes, l'empereur Hlother eut l'Italie, et, en outre, la bande longue et étroite de territoire qui fut désignée sous le nom de royaume de Hlother, *Hlother-reich, Lotharingia*, d'où l'on a fait plus tard le mot de *Lorraine*, en l'appliquant á une portion très restreinte de la division primitive.

Comme la nature physique, la nature sociale et politique est un immense laboratoire de chimie où toutes les formes bouillonnent, se combattent, s'agrégent, se désagrégent, se composent, se décomposent, se métamorphosent, et finissent par prendre leur niveau et leur assiette, en vertu d'une logique irrésistible et de lois souveraines en harmonie parfaite avec la logique et les lois qui régissent l'univers.

Tel est le tableau qu'offre à l'œil de l'observateur et de l'historien l'état de l'Europe depuis les siècles qui virent la décadence et la chute de l'Empire romain, les invasions des Barbares et l'apparition des germes destinés à fournir, par leur développement, la substance des nationalités modernes.

Nous n'avons point le dessein d'aborder ici le récit des luttes, des bouleversements, des transformations qui remplissent l'espace des dix derniers siècles. C'est à peine s'il nous est possible de signaler, en courant les grands faits qui émergent de distance en distance au-dessus de ce vaste océan toujours en proie aux tempêtes : l'interminable question des Investitures, la querelle du Sacerdoce et de l'Empire, les complications qui naissent des prétentions de la couronne germanique sur Rome et sur l'Italie, les folles et malheureuses expéditions de trois rois de France dans ce pays, le grand mouvement suscité par la Réforme, la guerre de Trente ans, les conquêtes de Louis XIV, les batailles gigantesques de la République et du régime de Brumaire, l'explosion du patriotisme allemand en 1813, la victoire prussienne de Sadowa, et enfin l'invasion de la France, par l'Allemagne, en 1870.

Un duel furieux s'est livré pendant sept mois entre la nation française, représentée il y a mille trente-et-un ans par Charles-le-Chauve, jurant en langue romane, et la nation allemande, représentée à la même époque par Hlodwig-le-Germanique, jurant en langue théostique. Quelque sensibles, quelque profondes qu'aient été les blessures reçues par nous dans ce combat, elles n'ont point été mortelles, et la République, après une si terrible lutte et les déchirements intérieurs qui l'ont suivie, a vu se cicatriser ses plaies avec une rapidité inespérée et peut compter dès à présent sur un développement complet et une prospérité croissante dus aux bienfaits de l'ordre à l'intérieur et de la paix à l'extérieur.

Mais, que l'on soit bien convaincu d'une vérité : c'est que la paix ne sera durable qu'à la condition de clore l'ère ouverte il y a dix siècles, et de résoudre la question posée, par le traité de Verdun, en 843.

La question est celle-ci : il existe en Europe une France, une Italie, une Allemagne, et la France doit être aux Français, l'Italie aux Italiens, l'Allemagne aux Allemands.

Rien n'égale assurément la simplicité et la limpidité réelles de ce problème, et les complications apparentes qui l'obscurcissent sont uniquement dues à la perversité, à la folie, à l'ignorance humaines.

L'argument, si grave qu'il soit, des frontières naturelles, la raison même, bien plus sérieuse, de l'affinité, de race et de langue, ne suffisent pas à légitimer la constitution d'une nationalité : il faut encore et surtout que le libre consentement des populations vienne s'y joindre et donner au droit la suprême consécration.

Il y a longtemps que la patrie française possède cette consécration, que ses enfants ont maintes fois et tout récemment encore scellée de leur sang. La patrie allemande n'est point encore arrivée à ce point de perfection indispensable et d'épanouissement normal de son existence ; et, malheureusement pour elle, l'absurde et odieuse théorie de la prédominance de la force sur le droit, professée et mise en pratique par les hommes du gouvernement prussien, aura pour conséquence nécessaire de reculer, aussi longtemps que la situation actuelle se maintiendra, l'avénement d'une phase si souhaitable pour le bonheur de l'agglomération germanique, pour le repos de l'Europe et pour le triomphe de la justice.

VIII

La chimère de l'équilibre des puissances européennes, poursuivie depuis plus de trois siècles et demi par la diplomatie, n'a jamais pu être réalisée d'une manière complète et durable, et a toujours été entravée par les obstacles qu'ont créés à son établissement les hégémonies successives des nations, les tentatives intermittentes de monarchie universelle. Ç'a été, à dire vrai, le combat de deux chimères, dont les victoires alternatives et éphémères ont affligé et ruiné les peuples, retardé le règne de la liberté, de l'égalité et de la fraternité, émoussé le sens moral et affolé le sens politique de l'humanité.

Nous l'avons dit plus haut, la naissance de la diplomatie, l'idée d'un équilibre européen, le principe, extrêmement vague d'abord, d'une certaine solidarité des divers États, remontent aux premières années du XVI⁰ siècle. Mais, à partir de la même époque, l'œuvre de cette diplomatie, l'établissement de cet équilibre, la réalisation de ce principe, rencontrent de siècle en siècle, dans le domaine des faits qui s'accomplissent, un obstacle et une contradiction sans cesse renouvelés ; l'obstacle, la contradiction, c'est la suprématie, l'hégémonie d'un État sur tous les autres.

Au XVI⁰ siècle, c'est l'hégémonie de l'Espagne et de la maison d'Autriche ; au XVII⁰, celle de la France, conduite par Richelieu et par Louis XIV ; au xviiie, celle de l'Agleterre, puis celle de la France révolutionnaire. De nos jours, nous verrions s'établir, pour longtemps peut-être, l'hégémonie de la Prusse, si la régénération de la France et l'établissement définitif du gouvernement républicain n'y mettaient ordre, si toute l'Europe, ouvrant enfin les yeux, ne criait à la maison de Hohenzollern : « Tu n'iras pas plus loin ! »

Chose étrange ! si la Sainte-Alliance n'avait été constituée et n'avait agi au nom de prétentions monstrueuses et en vue de l'oppression des peuples par les tyrans du droit divin, on serait tenté d'y voir avec quelque satisfaction l'application du principe de solidarité internationale. Mais l'union des despotes ne peut durer.

Le bonheur des méchants comme un torrent s'écoule.

La prospérité, l'existence même de la Sainte-Alliance, furent éphémères. Depuis, qu'a-t-on vu ? L'égoïsme et l'indifférence ont succédé à la conspiration avortée des princes absolus. A chacune des guerres qui ont éclaté sous le second empire, tout l'effort de l'Europe s'est employé à *localiser* la lutte. La guerre est déclarée à la Russie : *Localisons !* s'écrient la Prusse et l'Autriche. Elle est déclarée à l'Autriche : *Localisons !* disent la Russie, la Prusse, l'Angleterre. La Prusse et l'Autriche écrasent le Danemarck : *Localisons !* La Prusse bat l'Autriche : *Localisons !* La Prusse encore bat la France, la France, rendue insensible, inerte, glacée par la catalepsie impériale : *Localisons ! localisons !*

En vérité, les puissances qui se résignent à ce rôle passif arrivent bientôt à n'être plus que des impuissances. Ne pas s'inquiéter du feu qui consume la maison du voisin, c'est offrir, pour un moment plus ou moins prochain, sa propre maison en proie au fléau. En politique comme en toute chose, l'égoïsme, qui est la plus criminelle des conduites, en est aussi la plus funeste pour celui qui l'adopte. Il est absolument stérile en bons résultats et terriblement fécond en ruines de toute sorte.

En s'engageant et en persistant dans la voie funeste où les nations comptent leurs pas par leurs désastres, la Prusse a renouvelé une fois de plus, pour notre époque, les maux qui avaient souillé les époques précédentes, et a assumé devant l'Allemagne, devant la postérité, devant la justice et la vérité éternelles, une responsabilité qui pèsera d'un lourd poids dans la balance de l'histoire.

Il est profondément affligeant de penser qu'il n'existe pas encore à l'heure où nous écrivons, entre les différentes puissances de notre Occident, des bases communes, des aspirations semblables, des points de contact suffisants pour les amener à une entente complète fondée sur le principe de la solidarité des nations et faire surgir sous les regards du monde émerveillé le rêve d'hier, la réalité de l'avenir, les États-Unis d'Europe. Quoi qu'il en soit, on doit être assuré que la signature d'une paix générale, fondée sur le principe de la liberté et de l'indépendance des grandes et des petites agglomérations européennes, sur la sainte alliance des peuples toujours ouverte à l'accession volontaire des groupes congénères et sympathiques, sur l'idée, éminemment pacifique, philosophique, humaine, de la création future des États-Unis d'Europe, on doit être assuré que la signature de cette paix, quand elle pourra avoir lieu dans de telles conditions, inaugurera pour le monde une ère de véritable gloire, de prospérité durable et de progrès certain.

IX

Il ne faut pas confondre l'histoire avec la politique. Une connaissance approfondie de l'histoire est indispensable à l'homme d'État ; mais il doit la savoir pour la continuer et non pour la refaire. Quelques hommes de génie, en très-petit nombre, out su découvrir la véritable direction du courant, se conformer à sa tendance, lui frayer sa voie, lui creuser son lit, tandis que la foule des routiniers se laissait aller à la dérive avec une molle insouciance, et que l'escadron volant des aventuriers et des casse-cou amusait et trompait la multitude simple et ignorante, en jetant des quartiers de roc dans le fleuve pour essayer d'arrêter la marche de ses eaux ou en s'efforçant plus follement encore de le faire remonter vers sa source.

Cette dernière école politique est assurément celle à laquelle appartiennent les tristes et funestes guides qui conduisent en ce moment la Prusse, et dont l'Allemagne subit en frémissant la fascination. L'idée de lutter contre le courant normal des choses, de violenter les lois de la nature, de fouler aux pieds les enseignements de l'histoire, quand elle n'est point le fait d'un ignorant, devient, en se réalisant, le crime d'un forban politique. Mais la réalisation de semblables énormités ne peut jamais être que partielle, éphémère et fatale, en fin de compte, à ceux qui avaient cru y trouver leur profit. En élevant la prétention de détruire ou d'entamer la nationalité française, les hommes d'État de la Prusse contemporaine donnent au monde la mesure complète de leur fausse science et de leur immoralité politique.

La nationalité française, qui se manifeste par une unité compacte, véritablement personnelle et vivante, est l'œuvre des siècles, le résultat d'efforts persévérants, le produit de la logique et de la nécessité.

Le premier ennemi de cette unité fut le chaos même d'où elle eut tant de peine à se dégager, c'est-à-dire la féodalité. L'organisation féodale servit de base aux prétentions anglaises et fit éclater la crise terrible, qui s'appelle dans l'histoire la guerre de Cent ans et qui faillit tuer la patrie française presque dès sa naissance. Mais le remède vint à nos pères d'où leur était venu le mal même. Plus leur droit était contesté, nié, opprimé, plus ils s'acharnèrent à le revendiquer et à le conquérir avec une persistance infatigable.

Dès le début de la lutte, Estienne Marcel et Robert Le Cocq avaient conçu la grande pensée de la nationalité et de l'unité française, et réussi même à y donner un commencement d'existence réelle, et, pour ainsi dire, palpable. Mais ce fut véritablement à la fin de ce long et sanglant combat que la patrie s'incarna dans Jeanne Darc, et qu'elle s'élança, phénix immortel, des flammes du bûcher que les prêtres chrétiens avaient dressé pour l'héroïque fille.

Depuis ce temps, l'indépendance et l'unité nationale ont été plusieurs fois menacées, par l'ambition et les intrigues de Philippe II en 1593, par les coalisés de Pilnitz en 1792, par la Sainte-Alliance en 1815, par la Prusse du roi Guillaume et du ministre Bismark en 1870.

Le patriotisme des États-Généraux a déjoué les menées espagnoles dans les dernières années du XVIe siècles ; la République de 1792 a chassé l'étranger de son territoire ; les rois de la Sainte-Alliance ont reculé devant l'odieux de leur propre entreprise. Nos envahisseurs de 1870 ont eu moins de pudeur, et tout leur a réussi.

Soit, nous dira-t-on, puisque vous ne croyez pas, comme M. de Bismark, que la force prime le droit, puisque vous proclamez le droit de la France à l'unité et à l'indépendance, vous devez reconnaître, au nom de la justice, au nom de la liberté, de l'égalité et de la fraternité des peuples, le même droit à l'Italie, à l'Allemagne, à tous les groupes humains qui présentent le spectacle d'une nationalité et d'une unité effectives, ou qui en possèdent seulement en eux-mêmes la virtualité.

Nous n'en faisons aucune difficulté, pourvu que le libre consentement des peuples, unique base du véritable droit, légitime l'existence et la délimitation des nationalités.

Après les tentatives vagues et incomplètes d'Albéric II de Camerino, de Crescentius, d'Arnoldo de Brescia, de Brancaleone Dandalo, Rienzi le premier, à la même époque que Marcel en France, fit passer en Italie l'idée de nationalité et d'unité du domaine de la théorie dans celui de la pratique. Son œuvre ne lui survécut pas ; mais la pensée qui l'avait inspirée ne périt point ; et, à travers les périls de toute espèce, les misères de toute nature, les larmes, le sang, elle se fit jour, et a triomphé sous nos yeux mêmes.

L'idée de l'unité allemande est, nous l'avons déjà fait entendre, quelque chose de beaucoup moins défini, et sur quoi les plus intéressés sont loin de s'entendre parfaitement entre eux. Cette idée n'est représentée dans le passé ni par le pastiche historique et grotesque connu sous le nom de *Saint Empire romain germanique*, lequel, dit Voltaire, n'était ni saint, ni empire, ni romain, ni par la Diète de Francfort, vieille personne sourde-muette, aveugle et paralytique, à qui la dernière apparence de vie a été arrachée il y a neuf ans. Elle ne saurait l'être davantage par le casque prussien, sous lequel le roi Guillaume prétend escamoter l'Allemagne comme une muscade. Cette vaste agglomération de peuples n'a certainement rien à attendre de quelque assemblée de souverains comme celle du Rœmer, naguère présidé par l'empereur d'Autriche, alors qu'il avait encore voix dans les conseils de la Confédération.

Seul, un parlement national allemand plus énergique, plus politique, plus pratique que celui de 1848, pourrait formuler et appuyer sur des bases légitimes l'idée et le fait de la nationalité et de l'unité germaniques. Ce n'est assurément pas le gouvernement actuel de la Prusse qui favorisera la réunion et les délibérations d'un semblable parlement.

Il est bien entendu que nous ne préjugeons en rien ici la question, intérieure pour chaque État respectivement, de savoir si l'unité nationale doit être centralisée ou fédérative ; cela est hors de notre sujet.

Nous devons seulement prévenir l'objection de ceux qui prétendent que l'intérêt bien entendu de la France est opposé à l'existence de l'unité allemande comme à celle de l'unité italienne. Cette politique d'égoïsme est en même temps une politique d'ineptie. C'est précisément celle de M. de Bismark, qui ne croit qu'au droit de la force et qui ne veut fonder l'unité allemande que sur les débris de l'unité française. Encore une fois, le consen-

tement des populations, hautement et librement exprimé,
est la seule garantie de la satisfaction de tous les intérêts
légitimes, de la stabilité de la paix, et du bonheur de
toutes les nations.

Dénier aux autres, sous prétexte d'intérêt, le droit
qu'on s'arroge à soi-même, c'est ouvrir la porte à toutes
les violences dont on se rendra coupable tant qu'on aura
la force, dont on sera victime dès qu'on ne l'aura plus.
Il y a place, en Europe, pour l'union et l'activité des nationalités diverses, dont les nuances distinctes et variées
doivent former un même faisceau, une sorte d'arc-en-
ciel politique. L'égoïsme ne convient pas plus aux peuples qu'aux individus, et les uns comme les autres doivent, en vue de leur intérêt comme de leur gloire, mettre
en pratique la sublime devise des Stoïciens, que M.
Annæus Lucanus a formulée dans ces beaux vers :

> . . . . *servare modum, finemque tenere,*
> *Naturamque sequi, patriæque impendere vitam;*
> *Nec sibi, sed toti genitum se credere mundo.*

« Garder la mesure, poursuivre son but, se conformer à la nature, consacrer sa vie à la patrie, et
se croire né, non pas pour soi-même, mais pour tout
l'univers. »

X

Depuis la fin des guerres du premier empire, l'Europe avait perdu l'habitude des longues luttes. La paix ne fut sérieusement troublée ni sous la Restauration, ni sous la Monarchie de Juillet. Sous l'empire de Décembre, la campagne de 1859 dura deux mois. En 1866, la guerre entre la Prusse et l'Autriche a été appelée « la campagne des six jours. » Le siége de Sébastopol fait seul exception par sa durée à la. brièveté ordinaire des rares interruptions de la paix européenne depuis soixante ans.

Quand l'Europe a vu, à la stupéfaction et au scandale de tous, le gouvernement impérial déclarer la guerre à la Prusse et à ses alliés du sud de l'Allemagne, elle s'est assurément imaginé que cette guerre, quelle qu'en fût l'issue, s'achèverait en deux ou trois batailles, et l'idée qu'à la suite d'événements étranges et formidables Paris pourrait être assiégé, et assiégé longuement, ne s'est nullement présentée à sa pensée.

Les autres nations, accoutumées à voir, depuis vingt ans, la France de 1792, de 1830 et de 1848 courbée sous la domination d'un Buonaparte et soumise à l'exploitation de sa bande, ne croyaient pas que la liberté, suffoquée dans le cauchemar d'une nuit d'hiver, pût jamais reprendre la parole, que la grande morte pût jamais ressusciter et marcher radieuse au soleil des vivants. Les autres nations ne croyaient pas que la France fût encore la terre des mâles résolutions, des héroïsmes superbes, des dévouements sans bornes. Elles nous jugeaient sur nos journaux frivoles, sur nos opérettes burlesques, sur notre littérature malsaine, sur l'écume *boulevardière* de notre population.

La Révolution du Quatre Septembre, bataille sans larmes gagnée par la liberté sur le despotisme, et, en dépit des maladresses d'un petit nombre d'impatients auxquels des complications ultérieures ont adjoint des fous et des criminels, l'admirable union des habitants de Paris devant l'ennemi qui l'assiégeait, ont montré l'erreur d'un pareil jugement : le droit, le juste, le vrai, qui étaient contre l'empire, se sont trouvés avec la République.

D'un autre côté, l'Europe qui, malgré ses jalousies et ses rancunes, a toujours considéré la France comme son enfant gâté, et qui lui a pardonné d'être quelquefois folle, parce qu'elle l'a bien souvent trouvée sublime, l'Europe n'avait point supposé qu'un jour viendrait où Paris, capitale moderne de l'intelligence humaine, héritière de Rome et d'Athènes, deviendrait un immense camp retranché, exposé à un bombardement, ne s'inquiétant plus du superflu, craignant la privation du nécessaire, séparé du monde entier par un cordon de troupes ennemies, condamné à ignorer l'univers et à être ignoré de lui.

Eh bien ! on s'était trompé ; toutes ces choses terribles et brutales auxquelles nul n'avait songé sont arrivées, et sont devenues une réalité poignante. La volonté souveraine, despotique, dictatoriale du roi de Prusse a suspendu la vie de Paris, et, du même coup, celle de l'Europe, du monde, qui se reconnaît indispensablement solidaire de ce grand centre de l'idée, de l'action, du progrès.

Ce n'était pas seulement, nous le répétons, Paris et la France que cette volonté implacable prétendait mettre à la gêne, c'était l'Europe entière ; et quand le corps diplomatique députa vers Guillaume, pour lui demander s'il voulait bien lui permettre de correspondre avec les gouvernements neutres, le roi Guillaume répondit qu'il n'autoriserait que le passage des dépêches décachetées. Il suspectait ainsi publiquement, en face, la parole et la bonne foi des puissances neutres et de leurs représentants ; il donnait ce soufflet à toutes les nations, grandes et petites.

Il y a là plus qu'un incident diplomatique : il y a le symptôme d'une situation grave. Guillaume, roi de Prusse, empereur d'Allemagne, chef suprême du monde germanique, impose la loi à l'Europe et la place sous sa suzeraineté. L'Europe accepte-t-elle ce vasselage ? Qu'elle y prenne garde : c'est Tilsitt renouvelé : à la Russie l'Orient, à la Prusse l'Occident ; Guillaume de Hohenzollern a repris le rôle de Nabulione Buonaparte et réclame la succession de Charlemagne, qu'il appelle sans doute aussi son *auguste prédécesseur*.

Ce que l'Europe n'a point toléré du Corse en 1807, pourquoi l'a-t-elle souffert du Prussien en 1870 ? Cela la regarde. Il est permis de penser toutefois que l'Angleterre, qui a pris avec tant de flegme son parti des désastres de la France, reviendra à résipiscence en voyant ce qui se prépare du côté de Stamboul et ne se résignera pas facilement à laisser le règlement des diverses questions orientales s'opérer, à son exclusion, par les soins et au profit de la Russie, d'accord avec la Prusse.

Vers le mois d'octobre 1870, un bruit se répandit :

La Russie armait.

Pourquoi ?

Etait-ce par sympathie pour la République française et dans le dessein d'accourir à son aide ?

On eût été très-naïf de le croire.

Etait-ce par crainte de la Prusse et pour l'arrêter dans sa marche triomphante ?

Elle n'y avait aucun intérêt.

La Russie est et deviendra de plus en plus une puissance orientale.

Le jour où, par une aberration fatale à leur sang, les Slaves prétendraient se jeter sur l'Occident et faire, comme on l'a dit, l'Europe cosaque, ce jour-là ils trouveraient devant eux la quadruple muraille des Germains, des Scandinaves, des Gallo-Latins et des Anglo-Saxons, cette fois unis dans la pensée d'une défense commune, muraille mouvante qu'ils ne pourraient franchir ni même entamer, et qui les refoulerait dans leurs steppes.

La Russie n'armait certainement pas pour aider directement contre nous la Prusse, qui n'avait besoin de personne, et qui, eût-elle été amenée par un changement de fortune à chercher des alliances, n'en aurait trouvé aucune hors de l'Allemagne.

La Russie armait, dès le mois d'octobre 1870, pour régler à son gré la question de Constantinople, soit qu'il y eût accord entre elle et la Prusse pour agir toutes deux selon leur volonté, l'une à l'Orient, l'autre à l'Occident, soit que le tsar profitât simplement des préoccupations générales, qui concentraient les regards de l'Europe sur la France et sur Paris, pour préparer ses forces à la dérobée et à la faveur de l'épouvantable fracas causé par le choc de la France et de la Prusse.

Il n'y eut bientôt plus à se faire illusion : à ceux qui doutaient de la réalité du bruit semé des armements de la Russie ou qui persistaient à en nier le véritable but, le tsar répondit en faisant dénoncer le traité de Paris par la circulaire Gortschakoff.

A ce coup, l'Angleterre sortit enfin de sa coupable et funeste apathie. Mais en est-elle sortie assez tôt pour que les faits accomplis ne lui crient point dans un temps plus ou moins rapproché : « Il est trop tard ? »

Et que fera l'Angleterre seule contre la Russie ?

Malgré tout l'intérêt qu'il y avait pour la République française à empêcher la Russie de s'asseoir sur le Bosphore, elle ne peut travailler à l'heure présente qu'à son propre salut, et doit consacrer toutes ses forces à réparer les ruines que, de 1851 à 1870, l'empire a amoncelées sur le sol de la patrie.

Verra-t-on l'Angleterre se consoler et se dédommager en prenant l'Egypte pour annuler Constantinople par Alexandrie, et par la possession du canal maritime de l'isthme de Suez ? Il n'est pas certain que la compensation lui semble suffisante. En tout cas, personne, dans ce moment, ne lui disputerait cette proie, et, plus tard, la France se répèterait de temps en temps le dicton connu : *Sic vos non vobis*.

La politique de 1827, quels qu'en fussent les mobiles secrets, était la seule qui convînt à l'honneur et aux intérêts de la France. S'associer à la Russie en vue de la résurrection et de la protection de la nationalité hellénique, c'était empêcher cette puissance de jouer un rôle prépondérant ou même exclusif. Le comble de la folie a été de prendre les armes pour la défense du *malade*, de s'aliéner les Grecs et toutes les populations non ottomanes du bassin de la Méditerranée, et de jeter tout le monde dans les bras du tsar.

Les jours de l'empire ottoman, tel qu'il est constitué,

et de son établissement à Stamboul, sont évidemment comptés. La prise de possession de ce point par l'empire moscovite serait la destruction de toute espèce d'ordre et de concert européens. Il n'y a qu'une solution à la question : c'est la rentrée du Grec à Constantinople, d'où le Turk l'a chassé, il y a quatre siècles et demi. La Grèce, qu'on en soit bien persuadé, se sert de l'appui de la Russie à défaut de tout autre ; et elle ne redoute rien tant que le triomphe complet de ses protecteurs, qui la condamnerait à l'abandon définitif de la « grande idée. »

Cette grande idée a pour elle les traditions historiques, les aspirations du peuple hellénique épars dans tout le bassin méditerranéen, la supériorité ethnique de la race, l'intérêt de la civilisation. La politique de 1827, bonne dans son point de départ, a eu le tort énorme de s'arrêter au quart du chemin, de mettre au jour une fraction de nationalité qui ne peut vivre ni mourir, d'agir dans des limites restreintes, au point de vue chrétien, tandis qu'il eût fallu agir, au point de vue ethnologique, dans toute l'étendue du droit, de la nature et de la vérité.

Cette politique, et plus encore toutes celles qui y ont succédé, sont demeurées muettes devant l'énigme du sphinx oriental. Ce sphinx a dévoré tous ceux qui n'ont point su lui répondre. Dévorera-t-il encore les pâles hommes d'État de la génération présente ? C'est ce que nous ne tarderons guère à voir.

XI

En dehors de la République française, absorbée par les soins de sa régénération personnelle, et de l'Angleterre, si lente à se mouvoir, et qui d'ailleurs ne saurait, nous le répétons, suffire seule à la lutte, où la complicité du pangermanisme prussien et du panslavisme russe trouvera-t-elle des obstacles ? La simple coalition des petits États, neutres ou autres, tels que le Danemark, la Hollande, la Belgique, la Suisse, en la supposant réalisable, serait évidemment impuissante.

L'Autriche sans doute aurait dû saisir l'occasion d'une revanche de Sadowa. Le pouvait-elle ? Qui oserait l'affirmer ? Le nom d'*Empire d'Autriche* n'a pas même la valeur d'une expression géographique, la seule que le vieux Metternich daignât jadis attribuer à l'Italie, et que, du moins, ce pays possédait. Ce qu'on appelle encore aujourd'hui l'Autriche ne présente que les débris d'une agglomération artificielle de peuples appartenant à des rameaux divers, à des langues opposées, à des sangs ennemis. Chassée par la Prusse, en 1866, de la Confédération germanique et menacée de perdre, dans un temps plus ou moins rapproché, les éléments allemands qu'elle a conservés, l'Autriche, ou plutôt la nationalité madgyare, qui est devenue le véritable pivot de l'État, ne peut qu'aspirer à se transformer en une puissance orientale ;

et, sur ce terrain nouveau, ses intérêts la posent en rivale de la Russie. C'est de ce côté et à ce point de vue seulement qu'il lui importe et qu'il lui est possible de coopérer avec la France et l'Angleterre à l'abaissement des maisons de Hohenzollern et de Holstein-Gottorp.

Restent l'Italie, l'Espagne et le Portugal, ce qu'on a pu appeler, pendant un moment, l'union italo-ibérique, accomplie sous nos yeux par le fait de l'intronisation à Madrid du duc d'Aoste, dont le père règne encore à Rome et la sœur à Lisbonne.

On disait autrefois :

Bella gerant alii : tu, felix Austria, nube.

Le bonheur de la maison de Savoie a failli devenir également proverbial, et elle pourra toujours se flatter qu'il ne lui a pas coûté cher. La première parmi les maisons royales, elle a bien voulu reconnaître officiellement la République française, et nous lui en savons un gré infini ; car, en bonne conscience, elle ne pouvait pas faire plus.

Nous parlons très-sérieusement. Tous les intérêts de l'Italie sont dans la neutralité la plus complète, la plus absolue : tous ses soins doivent se concentrer sur l'organisation de sa jeune unité, sur l'administration de ses finances, la création de ses chemins de fer, la résurrection et le développement de son industrie, de son commerce, de sa marine. Un grand avenir de prospérité matérielle attend l'Italie, comme la Grèce relevée à son tour, dans la navigation de la Méditerrannée et dans un vaste système de transactions avec l'extrême Orient par le canal de Suez.

La France n'avait donc rien à attendre du roi Victor-Emmanuel et de sa famille, et personne ne doit s'étonner ni se scandaliser de leur abstention, conforme à la bonne politique qui se fait avec la raison et non avec le sentiment. Mais, où le sentiment et la raison se trouvent d'accord, c'est dans l'admirable conduite du héros de notre siècle, de Giuseppe Garibaldi, qui, de son sang, du sang de ses fils, du sang de ses compatriotes, a payé à la République française, envahie par les soldats du despotisme, la dette de la démocratie italienne, et s'est vengé noblement de la balle bonapartiste dont il fut frappé à Aspromonte et des merveilles opérées par le fusil-Chassepot à Mentana. Nous l'en remercions, lui et les siens, du fond du cœur, et nous sommes persuadé que, dans cet élan de reconnaissance, tous les cœurs vraiment français battent à l'unisson du nôtre.

De la situation respective des divers États que nous venons d'énumérer, il résulte que, si la République avait dû espérer un secours extérieur contre l'agression prussienne, il ne pouvait lui venir que de l'entente des petites puissances ; que les seules grandes puissances qui auraient eu intérêt à se joindre à cette coalition étaient l'Angleterre d'abord, et l'Autriche ensuite ; mais que des raisons nombreuses et de plus d'un genre, dont nous avons rapidement esquissé le tableau, s'opposaient et continueront vraisemblablement de s'opposer à la formation d'une semblable coalition

C'était donc le cas pour la République française de parler comme la Médée de Corneille, et, quand on lui disait ·

> Dans un si grand revers, que vous reste-t-il ?

de répondre fièrement :

> Moi, dis-je ; et c'est assez.

Moi !

XII

Il a pu paraître ambitieux de la part d'un roitelet du
Piémont de s'écrier, il y a vingt-sept ans : « L'*Italia
farà da se !* » Il eût été indigne de la République française, à quelque extrémité qu'elle ait été réduite naguère par ses ennemis, de compter sur d'autres appuis
que sa propre force vitale, son courage et son indomptable
volonté de renaître et de se consolider. Cette confiance,
qui ne lui a manqué et ne lui manquera en aucune cir-
constance, a été la première et la plus sûre garantie
de son salut, comme elle sera celle de sa durée.

Le 4 Septembre, l'orgie impériale, qui avait duré dix-
neuf ans, est couronnée par une dernière infamie, et, sous
ce poids de honte, l'édifice odieux s'écroule dans la fange,
où il menace d'engloutir avec lui la France elle-même.

Alors, sous l'inspiration subite et décisive du danger,
sous l'aiguillon du remords de sa trop longue léthargie,
ressuscité par la lumière et la chaleur du soleil de l'avenir qui se lève tout à coup à l'horizon, le pays se re-
dresse, le nuage de Décembre s'évanouit, et l'astre de la
République resplendit de nouveau dans le ciel rasséréné.

Que va-t-il se passer ? L'astre va rayonner sur le
monde ; la saine contagion de la liberté et de la dignité
humaines va gagner tous les peuples de l'Europe ; et
partout les jeunes Républiques vont éclor sous la char-

pente vermoulue des vieux trônes qu'elles vont faire voler en éclats...

Non ! la France est envahie, pillée, brûlée, meurtrie, assassinée ; Paris, prisonnier dans sa vaste cellule, est retranché du reste du monde ; les rayons de la République sont interceptés ; la lumière est sous le boisseau.

Nous attendions des merveilles d'un genre connu et prévu, pareilles ou analogues à celles qui, aux glorieuses dates de 1792, de 1830, de 1848, avaient excité l'étonnement et l'admiration de l'univers : il se produit des miracles tout à fait inattendus et d'une espèce complétement nouvelle.

Les partis, sans abdiquer leurs convictions, s'unissent dans le sentiment du patriotisme et de la défense commune. L'anarchie, comptée par l'envahisseur au nombre de ses plus puissants auxiliaires, manque à l'appel de son nom. Il y a bien, à Lyon, à Marseille, à Paris même, quelque mouvement désordonné, quelque dissonnance dans le concert national ; mais ces vagues réfractaires et indisciplinées sont promptement submergées dans l'océan du bon sens public. Tous acceptent, suivent, exécutent le mot d'ordre général : Silence dans les rangs devant l'ennemi !

Et en trois mois, — trois siècles pour l'impatience de la nation, trois secondes pour la quantité prodigieuse des efforts qui ont été faits, — des armées ont été improvisées, un matériel de guerre considérable a été créé, le moral du pays a été relevé, l'ordre public a été maintenu. On a oublié tout cela, ou l'on ne veut plus s'en souvenir, parce que le succès n'a pas couronné l'œuvre. Mais, dans des temps plus calmes, les jugements se rectifieront, et l'on rendra justice à l'énergie déployée, si malheureux qu'en aient été les résultats.

Quelle puissance d'exemple la République exercera-t-elle alors sur les peuples, quand ils auront assisté à la résurrection de la France, au grand travail d'assainissement national qui se prépare en ce moment ; quand ils auront vu le Chaos, comme saisi d'épouvante, fuir et disparaître à la grande voix de la République criant : « Que la lumière se fasse ! » et la lumière se faire, éblouissante, irrésistible, immortelle !

Il faut que l'on soit bien persuadé d'une vérité : c'est que, si des alliances fortuites, des coalitions passagères sont possibles entre des États de natures diverses et opposées, la fondation de l'Union européenne ou des États-Unis d'Europe, base et forme inévitable de la paix publique et du droit des gens à venir, est irréalisable entre des gouvernements d'essences ennemies et répugnantes l'une à l'autre, telle que le despotisme et la liberté, entre des monarchies absolues et des républiques démocratiques.

On ne peut se défendre de croire qu'après la mort de Victor-Emmanuel au plus tard, la République ne devienne tout naturellement le gouvernement de l'Italie une et régénérée. L'unité allemande ne peut s'accomplir d'une manière définitive que par la fédération républicaine. La République helvétique donne l'exemple à l'Europe, depuis plus de cinq siècles. La République espagnole n'a sans doute pas disparu pour toujours. La Belgique est mûre pour la démocratie. La Hollande a des souvenirs républicains. L'Angleterre est plus profondément agitée qu'on ne croit. Quant à la République française, devant ceux qui seraient encore tentés de nier le mouvement et l'existence, elle vit, marche, s'affermit et se constituera par la volonté de la nation souveraine, en dehors de toutes les hypocrisies clérico-monarchiques, malgré toutes les conspirations et les coalitions rétrogrades, en dépit de tous les coups d'État parlementaires.

Les Français, qui n'ont jamais eu peur des réalités, et qui, en 1870 et en 1871, comme en 1792, et pendant les longues luttes de la guerre de Cent ans, ont combattu et sont morts pour leur indépendance, ont trop souvent tremblé devant des fantômes.

Primus in orbe deos fecit timor,

a dit le poëte : « C'est la crainte qui d'abord a fait les dieux dans l'univers. » Il en est naturellement de même des rois. La conception de la royauté n'est que la contrefaçon, le corollaire, ou le prolongement, comme on voudra, de celle de la divinité.

La hache du 21 janvier 1793 a, d'un coup, tranché les les derniers fils auxquels tenait encore le vieux fétichisme monarchique. Ce qui en a reparu depuis n'a été qu'une vaine et fugitive fantasmagorie. Mais le despotisme n'y a rien perdu ; ne pouvant plus se faire ni aimer ni respecter, ni même craindre pour lui-même, il a inventé, pour se rendre indispensable et se donner un rôle providentiel, la terreur du spectre rouge.

C'est cette terreur du spectre rouge qui a laissé le champ libre au crime du dix-huit Brumaire et à celui du Deux Décembre, et qui, entre les deux, a permis que la Révolution de Juillet 1830 fût détournée de sa voie républicaine au profit d'une dynastie cadette.

C'est cette terreur du spectre rouge qui, exploitée par les fripons auprès des ignorants et des imbéciles, a valu sept millions de voix au funeste plébiscite du 8 mai 1870.

C'est cette terreur du spectre rouge qui, réalisée par la complicité de l'étranger, du bonapartisme et des sectaires, planait en 1871 sur la République renaissante comme une menace de mort, et dont se réjouissaient en même temps les envahisseurs de la patrie et les quelques partisans chimériques et honteux d'une restauration monarchique.

A présent, la Révolution française a jeté sa dernière gourme. Elle entre dans la période calme de son développement régulier, que ne signaleront plus des saccades violentes et des croissances subites et maladives. Elle aura été semblable à ces grands fleuves qui, d'abord torrents tumultueux, roulent en écumant de rocher en rocher, et finissent par se creuser un lit uni, large et profond, où la masse de leurs eaux coule en paix et avec majesté entre les bords verdoyants qu'ils fécondent.

XIII

A peine le spectre rouge achevait-il de se noyer dans le sang et de s'abreuver dans les incendies allumés, pour la plus grande partie, par des allumettes chimiques allemandes et napoléonniennes, que le spectre blanc essaya de se lever et s'enfonça aussitôt dans les brouillards de l'Escaut et dans les régions ténébreuses de la mythologie et de l'absurde.

Le temps des fantaisies rétrospectives est passé. « Je sens que je deviens dieu ! » disait l'empereur Vespasianus. L'heure approche pour tous les empereurs, les césars, les rois et les roitelets, les princes et les principicules de dire à leur tour : « Je sens que je deviens spectre ! »

C'était le jour des Morts, le 2 novembre de la grande année 1870.

Un branle sinistre agita le charnier où gisent les royaumes et les empires. Les rois, les empereurs, les papes, les hauts barons, les abbés mîtrés, les chefs des condottieri, les lansquenets et les reîtres, les inquisiteurs, les tortionnaires, les bourreaux, les jésuites, tous les scélérats et tous les infâmes, depuis le Cæsar du Rubicon jusqu'au Buonaparte de Brumaire, et à celui de Sedan, les Borgia et les Médicis, Richard III et Philippe II, Tartuffe et Basile, Torquemada et des Adrets, Laubardemont et Dubois, toute l'immonde séquelle secoua ses ossements en cadence, dans les ténèbres de la nuit, et s'apprêta à danser la hideuse danse macabre.

Le cliquetis sec et froid des squelettes s'harmonisait avec le hurlement lugubre de la bise, le fouettement glacé de la pluie, la course folle des nuées noires sur le front blafard de la lune, le cri strident de la chouette dans le creux des arbres dépouillés.

Les odieux fantômes ont déjà laissé loin derrière eux les sépulcres tant de fois blanchis aux frais des peuples imbéciles. Leur cortége, avec la rapidité de la foudre, glisse à travers les monts et les vallées. Il suit droit son chemin vers un but déterminé que marque une lueur encore incertaine.

La lueur grandit peu à peu ; elle se précise ; elle se multiplie ; elle devient illumination, lustres et girandoles.

Le vieux palais des féeries monarchiques abrite et festoie des hôtes inattendus. Les tables ploient sous le faix des viandes ; les vins coulent à longs flots ; les valets passent comme des ombres sur les vitraux des fenêtres ; les convives se repaissent et s'enivrent.

Ils s'enivrent de la triple fumée du vin, du tabac et de l'orgueil.

Dans les cours du château, dans les rues de la ville, plus loin, dans les plaines et les bois, sur la terre fangeuse et glaciale, grelottent et se raidissent les milliers et les milliers de soldats que le Méphistophélès de Varzin a poussés de tous les coins de la Germanie sous la bannière de son Faust septuagénaire.

Cependant, pour dissiper une vapeur importune, le pieux monarque s'est mis au balcon ; son fidèle serviteur est à côté de lui.

Et Faust, montrant à Méphistophélès la Grande Cité, lui dit :

— Tu m'avais promis de me faire entrer là il y a déjà longtemps : quel jour veux-tu tenir ta promesse?

Méphistophélès, pour toute réponse, grimace péniblement un étrange sourire.

Tout à coup, la Majesté a frémi, et un frisson inconnu a passé dans sa moelle.

Qu'a-t-elle vu dans le vague de l'horizon? qu'a-t-elle ouï dans le bruissement de la nuit?

Son œil a surpris la marche des spectres; son oreille a perçu leur chœur fantastique.

Une frayeur et un tremblement saisirent alors le prince victorieux et tout-puissant; un esprit passa devant sa face, et ses cheveux en furent tout hérissés. Il vit ceux dont il ne connaissait point le visage, et il entendit un chant, comme un petit souffle :

— Hurrah! les morts chevauchent vite! Ami, as-tu peur des morts ?

— Oh! non... répond Wilhelm von Hohenzollern; mais laissons les morts en repos !...

— Vite! vite! il nous semble que le coq chante déjà... Bientôt le sablier sera épuisé. Hop! hop! nous flairons la brise du matin. Vite! hâte-toi de sortir d'ici! Notre course est achevée... Hurrah! les morts chevauchent vite !...

Et Wilhelm von Hohenzollern, et Otto von Bismark, et les généraux, et les fantassins, et les cavaliers, et les artilleurs, sont entraînés dans la danse des Morts. Hurrah! hurrah !...

L'aube a lui. Tout a disparu.

Larves impériales et royales, votre flair ne vous avait pas trompées : voici la lumière, voici le jour, voici le soleil, voici la délivrance, voici la République. Fuyez! vous ne reviendrez plus.

Vous ne nous prendrez plus la paix, la liberté, la dignité, le bien-être, notre or et notre sang. Allez dans d'autres régions continuer les ébats nocturnes de la danse funèbre ! Emportez dans votre course tout ce qui reste encore de vos pareils ! Hurrah ! hurrah ! Les morts vont vite !

. . . .

Et nous aussi, nous avons nos morts, héros et martyrs de l'indépendance et de la liberté dans tous les siècles et dans tous les pays, morts glorieux que nous honorons en tâchant de les imiter.

Tyrannie du sabre, despotisme de l'encensoir, bon plaisir de la potence et du bûcher, vous croyez à votre réalité, et vous ne voyez pas que votre prétendue existence n'est qu'une vaine fantasmagorie.

Hontes et fléaux du passé, qu'avez-vous de commun avec les gloires et les félicités de l'avenir ? Tous vos vivants sont morts : tous nos morts sont vivants et immortels !...

. . . .

XIV

Nous avons appelé 1870 la « grande année » :

A certaines époques de l'éternelle durée, l'horloge des siècles est agitée d'un frémissement extraordinaire, et les coups du marteau d'airain retombent sur le timbre sonore d'un poids plus lourd et avec un fracas plus terrible, qui retentit au loin dans la profondeur des âges. C'est alors que sonnent les grandes années, et que le Progrès immortel fait un de ces pas de géant qui s'appellent les révolutions.

Le XVIIIe siècle a eu ses grandes années : mil huit cent quatre-vingt-neuf, — quatre-vingt-douze, treize, quatorze...

Le XIXe a les siennes : mil huit cent trente, — mil huit cent quarante-huit...

Mais mil huit cent soixante-dix sera véritablement, et par excellence, si douleureuse, si amère qu'elle soit, la grande année de ce siècle : grande pour la France, grande pour l'Europe, grande pour le monde.

Elle commença, — il y a bien longtemps de cela, car tant d'événements se sont passés, dans ces douze mois et depuis, qu'ils semblent avoir décuplé la durée, — elle commença lugubrement par le crime d'un assassin de rang et de sang privilégiés, par le coup de pistolet d'un sinistre et groteste Buonaparte de banlieue tiré sur la personne doublement sacrée d'un enfant de vingt ans et d'un témoin.

Puis vint le procès dérisoire dont le bon plaisir impérial de cousin fit jouer à Tours la farce immonde ; les débats scandaleux et l'acquittement insolent obtenu de la platitude et du cynisme d'un tribunal trié ; l'énorme duperie du plébiscite ; le renouvellement des hauts-faits habituels de la police monarchique ; le monstreux et fantastique procès de Blois... Mais déjà la voix formidable du canon couvrait les bruits mesquins de l'émeute artificielle, du prétoire en carton peint et des comices à la chaîne. Déjà la défaite, la hideuse défaite, s'était attachée au drapeau français, et le poursuivait de Wissembourg à Reichshoffen, de Reichshoffen à Forbach. L'ineptie et l'outrecuidance des esprits, la légèreté des cœurs, la lâcheté des bras, s'étaient coalisées, parmi les gens qui formaient alors ce que, par un singulier abus des mots, l'on a coutume d'appeler les hautes sphères de l'État, pour plonger la patrie dans un abîme de honte, dont elle trouva le fond à Sedan et à Metz.

Dès Sedan, elle rebondit, se relève, sort du gouffre, se dépouille de l'odieuse et répugnante chrysalide de l'empire, et, devenant République pure, aux ailes rapides, étincelantes, hardies, prend son essor vers les cîmes sereines de la justice, de la vérité et du beau éternel.

Alors, si le souverain obstiné et implacable, si les ministres aveugles, qui poussaient devant eux l'invasion germaine, l'eussent voulu, s'ils eussent accepté la paix que la République, laissant l'Empire à jamais enseveli dans son ignominie, leur offrait avec honneur et sécurité pour les deux nations, le sang eût cessé de couler, les larmes eussent été séchées de l'un et de l'autre côté de la frontière, tout eût conspiré à la réparation des ruines entassées par la fureur des despotes et grâce à l'imbécilité des peuples.

Les vainqueurs de Buonaparte refusèrent de faire cette justice à la République, de se donner à eux-mêmes cette gloire, et de forcer ainsi l'estime et peut-être l'admiration de l'Europe. Ils persistèrent à demeurer devant les villes qu'ils assiégeaient, ils continuèrent à mettre la France au pillage, ils s'étendirent « partout, partout. » Leur torche incendiaire fut le flambeau qui ralluma dans nos cœurs le feu sacré de la vertu, de la justice, de la liberté, du dévouement, et, pour tout dire en un mot, du patriotisme. Ils ressuscitèrent contre eux, malgré eux et en dépit de leur attente, la noble nation française qui gisait sous les débris et les fanges de l'empire, comme dans la pourriture et parmi les ossements d'un sépulcre ; et une fois de plus furent vérifiées les belles paroles du poëte :

> Réveillé-toi, France opprimée !
> On te crut morte, et tu dormais.
> Un jour voit périr une armée ;
> Mais un peuple ne meurt jamais...

Si, par un étrange hasard et par suite de la réalisation de catastrophes que nous ne pensions pas avoir à redouter, le châtiment des auteurs de tant de maux a échappé pour le moment à la France, qui en est la première victime, il n'échappera pas tôt ou tard à l'Allemagne, qui en souffre presque autant, peut-être plus que nous. A Berlin même, et jusque dans le parlement, le néo-césarisme prussien se heurtera contre une opposition qui déjà s'est traduite en paroles violentes. Pourquoi ne s'y souviendrait-on pas un jour du 18 mars 1848 ? Pourquoi les Hohenzollern ne trouveraient-ils pas leur roche Tarpéïenne à côté de leur Capitole? Il y a, dans les choses humaines, plus de logique et plus de moralité qu'on ne le croit vulgairement.

Pauvres gens qui prenez tant de peines et qui, à la place du « Saint-Empire romain, » ce cadavre, relevez le « Saint-Empire prussien, » ce mannequin, est-il spectacle plus digne de pitié que celui que vous donnez aux intelligences sereines, instruites du passé, inébranlables dans le présent et pleines de confiance dans l'avenir? Vous prétendez reconstruire l'édifice du grand Karl, et vous ne voyez pas qu'il y manque le compère Léon. Vous ne voyez pas que les morceaux de cet édifice, œuvre éphémère d'un génie fourvoyé, après avoir jonché et encombré, pendant dix siècles, la grande voie publique des nations, sont aujourd'hui dispersés aux quatre vents? Vous ne voyez pas que le drame sur lequel le rideau se leva au 24 février, et que l'entr'acte impérial du Deux Décembre interrompit brusquement, recommence et s'achève sous nos yeux; que la République a repris son cours naturel; et que le pouvoir temporel de la papauté est tombé pour ne plus être relevé?

Vous ne voyez pas, enfin, que c'est là ce qui fait surtout de mil huit cent soixante-dix la grande, la gigantesque année? Respectables et très-hautement honorés petits vieillards, qui, de si loin, veniez naguère en toussant, dans vos pesantes berlines, courber votre échine flexible devant les bottes de la Majesté prussienne, et lui apporter, au quartier général devant Paris, l'acte calligraphié qui fait d'elle un empereur d'Allemagne, vous ne vous doutiez pas de ces événements énormes? O politiques retors de la docte Germanie! si, même avec vos lunettes, vous ne pouvez apercevoir de telles choses, il faut convenir que votre vue est bien courte. Si, les voyant, vous vous mettez en travers de la route, et pensez ainsi arrêter la marche de l'humanité, que dire de votre orgueil et de votre folie ?

Mil huit cent soixante-dix, grande année du grand XIXe siècle, merci ! Merci à toi, terrible et féconde année, qui a vu tomber l'empire des Buonaparte et le pouvoir temporel des papes ; qui a vu renaître la République française saluée dès le premier jour par ses sœurs de Suisse et d'Amérique ; qui a vu le pays tout entier, enflammé de colère et d'enthousiasme, se soulever et prodiguer, vainement, hélas ! son sang et son or pour la délivrance du sol et l'expulsion de l'étranger !...

Et après les grandes années, puissions-nous avoir enfin les *bonnes années*, les années pacifiques, les années de la liberté, de l'égalité, de la justice et du droit servi par la force, pour la renaissance et le développement de notre prospérité, pour le maintien de notre indépendance à l'égard des autres peuples, de notre dignité civique à l'égard de nous-mêmes.

XV

Résumons-nous.

De toutes les idées que nous avons émises, et que nous nous sommes efforcé de déduire logiquement dans les pages précédentes, il résulte :

Que la politique ne doit point être abandonnée au hasard ni à la violence, mais qu'il faut l'étudier et la constituer comme une science en harmonie avec la nature, avec les autres branches de la connaissance et de l'activité humaines, et progressive, à l'exemple de toutes les sciences ;

Que l'indépendance et l'unité nationales sont des droits imprescriptibles pour chaque groupe de populations que réunit l'identité ou l'affinité de race et de langue, que des frontières naturelles enferment ; mais qu'une seule de ces conditions, ou deux, ou même toutes les trois ensemble, ne suffisent pas à établir ces droits, si le libre consentement des peuples, hautement et clairement exprimé, ne vient s'y joindre et les consacrer ;

Que contester à l'Italie, à l'Allemagne, à la Grèce, le droit de fonder leur nationalité sur les principes que nous venons d'énoncer serait mettre en péril l'existence même de la nationalité française et infirmer, en niant celui des autres, notre droit si chèrement conquis et, pendant la dernière lutte, si noblement disputé ;

Que se retrancher pour cette négation imprudente, dans la politique d'intérêt, serait ouvrir toute grande la porte à la force brutale, abonder dans le sens même de nos ennemis, et compromettre l'intérêt même que l'on invoquerait ;

Que l'intérêt français, au point de vue de la nationalité, n'est pas opposé à l'intérêt italien, allemand, grec, russe, anglais, espagnol, etc., et qu'il y a place sur le terrain du droit et au soleil de la prospérité pour tous les peuples libres ;

Que, pour chaque unité nationale, la question de fédération ou de centralisation est respectivement intérieure et secondaire au point de vue international ;

Que la paix et le concert européen ne sauraient être établis d'une manière durable que par la création des États-Unis d'Europe sur la base de la constitution démocratique de chaque État ;

Qu'en ce qui concerne la guerre qui vient d'avoir lieu, l'attitude prise, dès le Quatre Septembre 1870, par la République française et par le gouvernement de la Défense nationale, avait mis le droit de notre côté et avait fait de Guillaume de Hohenzollern et des troupes à sa solde ou à celle de ses alliés, des envahisseurs sauvages contre lesquels tout était permis pour amener leur destruction ou leur expulsion du sol de notre patrie ;

Que si, par l'attitude dont nous parlons, la République conquit du premier coup les sympathies de l'Europe ; si, par la résistance de sa capitale et la levée en masse des populations de tout son territoire, elle obtînt l'admiration et provoqua en faveur de sa délivrance et de sa victoire définitive les vœux de l'univers, elle n'a pu toutefois compter sur aucune espèce d'appui matériel des diverses puissances, auxquelles, soit l'intérêt, soit le tempérament, soit une nécessité quelconque, imposait la neutralité ;

Que cet isolement de la République, laissée ainsi à ses propres forces, quoiqu'il ait condamné de gigantesques efforts à un insuccès final et complet, n'a fait en même temps que donner plus de ressort à sa vitalité, plus de prix à son héroïsme, une garantie plus grande de durée à sa renaissance et à son développement futur.

Malgré les amertumes de l'heure présente, nous sommes sans inquiétude sur l'existence de la République et sur le caractère impérissable de l'œuvre séculaire qui a fondé la patrie française. Des batailles perdues, des villes assiégées, des forteresses prises, le sol ravagé, une paix onéreuse, rien de tout cela ne fait disparaître ni dégénérer une nation comme la France. Bien au contraire, de telles épreuves la relèvent, la purifient, la grandissent. L'Empire, son système, son monde, toutes ses productions, étaient sur le pays comme une infecte et dégoûtante moisissure qui faisait croire à une pourriture et à une décomposition profondes, totales même. L'Empire tombe : cette surface trompeuse, qui n'était qu'une mince pellicule, tombe avec lui et laisse reparaître la France républicaine, sérieuse, sobre, patiente, active, patriotique, courageuse, sublime, la France des grandes années et des grands siècles, la France du sein de qui sont sortis les poëtes, les historiens, les orateurs, les politiques, les philosophes, dont les noms illustres remplissent l'histoire; la France qu'on ne tue pas et qui tient ferme et haut le drapeau de la liberté, de l'égalité et de la fraternité, la République une et indivisible à qui, dans des temps meilleurs, une République nouvelle viendra chaque jour, donner la main comme à une sœur aînée entourée d'admiration, de respect et d'amour.

Aujourd'hui, toutes les complications qui pourraient surgir dans nos relations extérieures viennent uniquement de l'équivoque et de l'indécision de notre situation intérieure.

Parmi toutes les raisons qu'ont les gens honnêtes et intelligents de regretter la chute du gouvernement renversé le 24 mai 1873 par la monstrueuse coalition orléano-légitimo-bonapartiste et par le coup parlementaire des quatorze voix, il faut compter pour une des plus sérieuses l'immense notoriété dont le chef de ce gouvernement jouissait en Europe, la confiance et le respect que sa personnalité considérable inspirait à toutes les puissances.

Sans prétendre follement pour la France à un rôle de prépondérance et d'hégémonie dont tant et de si récents désastres suffiraient à lui interdire le rêve ; quand le bon sens, la saine politique et le patriotisme bien entendu ne feraient pas à toute nation, soucieuse de son indépendance et respectueuse de celle des autres, une loi de la modération qui est la vraie force, on pouvait du moins espérer que le temps était proche où le pays reprendrait dans le concert européen la place qui lui appartient, et serait en état d'y élever la voix avec toute l'autorité qui s'attache aux paroles d'un grand peuple maître de lui-même, et donnant au monde émerveillé le spectacle de la liberté, de l'ordre, du progrès, du travail, de la richesse et de la fidélité la plus scrupuleuse aux engagements les plus onéreux.

Si modestes que fussent de telles espérances, l'installation du gouvernement de combat en a certainement ajourné la réalisation à une époque indéterminée ; et si ce gouvernement est, par bonheur, impuissant à créer des complications, il éprouve du moins quelques difficultés, qui, jointes à la prolongation du provisoire, l'empêchent d'avoir lui-même et de donner au pays l'assiette nécessaire pour défendre d'une manière efficace les intérêts de la politique nationale dans les grandes questions européennes. Chaque jour, ces questions se posent, se multiplient, nous pressent ; mais nos hommes d'État, frais émoulus, ne songent point à donner leur avis, et ne pensent même pas qu'ils puissent en avoir un sur ces matières.

Au mois de juin 1873, on lisait dans le bulletin télégraphique de toutes les feuilles publiques :

« L'un après l'autre, tous les journaux de Saint-Pétersbourg font pressentir l'approche de graves événements en Turquie ; ils représentent cet empire comme chancelant et sur le point de tomber. La mauvaise administration du gouvernement ottoman, disent-ils, a atteint son point culminant. Ils ajoutent que, comme la santé du sultan rendra bientôt nécessaire l'établissement d'une régence, on peut s'attendre à des désordres qui forceront la Russie à revendiquer la protection des intérêts de ses sujets. »

L'annonce d'une pareille situation n'était pas de nature à surprendre ceux qui ont toujours mis une certaine attention à suivre les déductions de l'histoire et celles de la politique contemporaine.

Au gens qui doutaient, en 1870, de la réalité des armements de la Russie ou qui persistaient à en nier le véritable but, le tsar répondit, comme je l'ai déjà rappelé, en faisant dénoncer le traité de Paris par la circulaire Gortschakoff. Les armements ont continué depuis. On en signalait encore la persistance l'année dernière. D'un autre côté, la situation intérieure de la Grèce n'a pas cessé d'être fort agitée. L'exemple d'Amédée de Savoie, qui a sagement cédé une place où il courait tous les risques, devrait tenter Georges de Danemark, s'il ne veut pas que la République héllénique lui prenne quelque jour ce qu'il aurait refusé de lui abandonner de bonne grâce.

L'état général des choses s'est donc sensiblement aggravé en Orient depuis cinq ans. Il s'est aggravé aussi en ce qui concerne la France depuis que la coalition clérico-monarchique s'est emparée du pouvoir et a forcément donné l'Italie pour alliée à la Prusse.

A l'heure où l'Italie, la Suisse, l'Allemagne luttent énergiquement contre le cléricalisme et la faction jésuitique, la couleur et les tendances du gouvernement de combat, la nature des appuis qui le soutiennent, le caractère des agents qu'il a répandus sur le terrritoire de la République, tout cela est évidemment propre à inquiéter les puissances que nous venons de nommer et à écarter toute sympathie de l'Angleterre hérétique et de la Russie schismatique, quand il n'y aurait pas d'autres raisons à la discrète réserve de ces deux pays. La France reste, pour le quart d'heure, la dernière puissance catholique en Europe, non par suite de la foi et de la volonté de ses citoyens, mais par le fait d'une légalité qu'il faut respecter, toute factice qu'elle est, et d'un gouvernement artificiel qu'il faut combattre et détruire par les seules armes de la discussion et la seule force du droit, de la logique et de la vérité. Vit-on jamais situation plus étrange, plus fausse, plus périlleuse ?

La modération et le calme, qui conviennent à la justice de notre cause et qui en assurent le triomphe, peut-être plus prochain qu'on ne croit, ne sauraient diminuer d'un atome le poids de la lourde responsabilité qui pèsera sur la mémoire de ceux qui auront acculé la France dans cette impasse, de ces politiques de résistance à outrance dont les passions aveugles et effrénées l'auront isolée dans le monde comme ils sont eux-mêmes isolés dans la nation.

On n'a pas oublié la circulaire diplomatique écrite, peu de jours après le 24 mai 1873, par M. de Broglie, alors ministre des affaires étrangères. Ce qui a surtout frappé, dans cette œuvre ducale, c'est la désinvolture toute aristocratique et la légèreté de cœur bien supérieure à ce que nous connaissions en ce genre, avec lesquelles le ministre français se détachait des choses de la patrie, se faisait l'apôtre de la conservation européenne et s'adonnait à la tâche internationale et anti-nationale d'ameuter tous les sentiments de défiance et d'hostilité des gouvernements monarchiques contre la République française, qu'il représentait comme un foyer de désordre, de révotion et de pestilence.

Singulier renversement de situation ! En 1792, la coalition armée des despotes de l'Europe, guidée par des émigrés français, menaçait d'éteindre violemment le phare de justice et de liberté qui venait de s'allumer sur le sol de notre patrie. Aujourd'hui, c'est la France qui est devenue, pour un moment, le repaire de la coalition clérico-monarchique, à l'étonnement, au scandale, à la frayeur des nations étrangères, qui toutes sont en état de légitime défense contre les agressions du cléricalisme. Les gouvernants de rencontre, qu'un coup de bascule parlementaire à réunis provisoirement dans un même cabinet, ne voient donc pas qu'ils laissent à M. de Bismark le rôle de champion du libéralisme en Europe, et que la France reçoit sur elle tous les jésuites dont le chancelier de l'empire purge le sol allemand ? Ils ne voient donc pas que, sous leur pavillon, des mains impies et parricides osent commettre cet attentat au génie français, de remonter le cours des temps, d'entraver la marche du progrès, de rétablir le régime du miracle divin et du bon plaisir royal, et travaillent « énergiquement et résolument » à défaire la France de Roscelin et d'Abailard, d'Estienne Marcel et de Robert Le Cocq, de Rabelais, de La Boétie, de Molière, de Voltaire, de Diderot, de l'Encyclopédie, de la Révolution ? En 1792, on allait conspirer à Coblenz. En 1874, nous avons, au cœur même du pays, Froshdorff, Claremont et Chislehurst amalgamés en une sorte de Coblenz intérieur, monstre horrible, informe, énorme, aveugle, *monstrum horrendum, informe, ingens, cui lumen ademptum*, Cerbère triple et infécond. Cela s'appelle l'ordre moral. Malgré ce beau nom, la France est inquiète, et l'Europe se tient sur ses gardes.

C'est que l'Europe a compris le danger de cette épée dont la poignée est au Vatican et la pointe partout.

Le cléricalisme est, en effet, le véritable dominateur de la situation. Seulement, il n'a plus à son service, comme il l'avait il y a cinquante huit ans, la Sainte-Alliance des rois. Certes, ce vieux bras séculier, qui a si bien besogné, pour la grande gloire de l'Église catholique, depuis l'an 1022, que l'on commença de brûler les hérétiques en France, jusqu'aux massacres de la Saint-Barthélemy, en 1572, et aux exploits de Trestaillons et de Quatretaillons en 1815 ; ce vieux bras séculier lui plairait de préférence à tout autre. Mais, dans une nécessité urgente, le cléricalisme ne dédaignerait pas d'accepter encore l'appui du régime qui fit naguère l'expédition de Rome à l'extérieur et à l'intérieur, et en l'honneur duquel il s'est habitué à chanter des *Te Deum*. Il ne subirait qu'à son corps défendant l'orléanisme avare, mesquin, timide, incertain, incrédule, et qu'il n'a jamais aimé.

Et, cependant, c'est à la victoire du cléricalisme que les orléanistes ne craignent pas de prêter les mains. Sans doute, en gourmets éclectiques qu'ils sont, ils se réservent de n'en prendre que juste ce qu'il faut, à leur gré, pour assaisonner leur cuisine d'ordre moral. Ils se croient maîtres de doser les ingrédients qu'ils mélangent. Là est leur profonde erreur et la preuve irrécusable de leur incapacité et de leur étourderie bien plus encore que de leur perversité. La grande masse des coalisés, à part les quelques fanatiques de l'*Univers* et du *Monde*, et la petite bande de sacripants dont les feuilles bonapartistes représentent les appétits, la grande masse des coalisés repousse assurément les conséquences grotesques et terribles qu'aurait la victoire complète de l'absolutisme clérical appuyé sur le sabre, et dont elle serait, comme en 1851, la première victime.

Un jour, l'un des nombreux grotesques de la droite se mit à crier, en pleine séance, à M. Thiers : « Où sont vos alliances ? La France n'en aura point tant qu'elle sera en République !... »

Qu'arrive-t-il cependant ?

Le cléricalisme réussit à s'emparer pour un instant du pouvoir : aussitôt les cabinets européens se mettent sur la réserve, on pourrait même dire sur la défensive ; la conformité des intérêts de la politique italienne avec ceux de la politique germanique rend effective, de virtuelle qu'elle était, l'union de ces deux politiques ; le même besoin de se prémunir contre l'ennemi commun, contre le péril international de la compagnie de Jésus, amène l'Autriche à entrer dans une voie analogue. La sympathie des puissances hérétiques ou schismatiques ne saurait être acquise aux champions du papisme. C'est donc à nous qu'il sied de dire aux cléricaux, avec toute la force que donnent les faits palpables et la vérité éclatante : Où sont vos alliances ? Votre politique a fait le vide autour de vous dans le pays, le vide autour du pays dans le monde. Est-ce que les lauriers de l'homme de Sedan vous empêchent de dormir, à moins que ce ne soit votre façon de prendre la revanche ?

Car les coalisés du 24 mai sont des braves à trois poils, ni plus ni moins que M. le vicomte de Jodelet. Ils s'indignent à la seule idée qu'on puisse tenir quelque compte de ce que pense et de ce que fait l'étranger. Depuis quand sont-ils devenus si délicats ? Est-ce le souvenir de Louis XVIII, rapporté dans les fourgons de la Sainte-Alliance et remplissant plus tard scrupuleusement le rôle d'exécuteur des hautes et basses œuvres du congrès de Vérone, qui enfle si fort les légitimistes ? Est-ce la gloire du système de la paix à tout prix, de l'entente cordiale et de l'indemnité Pritchard, qui grise les orléanistes ? Les Saltabadils du bonapartisme ont-ils oublié le Mexique et les désastres d'août et de septembre 1870 ?

Il y a une étrange audace aux gens de ces trois factions et aux cléricaux qui les absorbent, les dominent et se servent d'eux, à rejeter sur la nation républicaine l'accusation de se traîner à la remorque de l'étranger. Il y a de plus et surtout une ignorance et une incapacité telles qu'on serait tenté de leur pardonner ce qu'ils disent et ce qu'ils font s'ils avaient du moins pour eux l'excuse de la candeur. Comme leur philosophie naturelle se borne à enseigner que tout dans l'univers est fait pour l'homme, qu'il est le centre et le roi de la création, et que la main divine a planté pour lui réjouir les yeux des clous d'or dans le plafond bleu du ciel, leur philosophie politique ne voit dans la terre entière que la banlieue de la France, et dédaigne de s'arrêter à l'opinion des provinciaux et des villageois de Londres, de Berlin, de Vienne, de Rome, de Berne, de New-York, de Mexico. *Quand Auguste avait bu, la Pologne était ivre.* Quand il plait à Veuillot de balancer l'encensoir en cadence, tous les peuples doivent s'agenouiller et se frapper la poitrine. Tout ce qui est étranger paraît étrange ; on en rit, on l'ignore, et on veut l'ignorer. On sait pourtant à quels mécomptes peut conduire une semblable pratique : l'Allemagne s'est chargée de la démonstration. Mais n'importe, on est en train de recommencer. N'avais-je pas raison de dire que les lauriers de l'homme de Sedan empêchent ces gens-là de dormir ?

La coalition des partis à l'intérieur a amené celle des cabinets européens à l'extérieur. Cette coalition-là n'est encore que diplomatique, défensive, platonique si l'on veut. Mais un rien suffirait pour la faire devenir militaire, agressive et matérielle. Si le triomphe éphémère et tel quel du cléricalisme en France produit de pareils résultats, que serait-ce donc si, par impossible, le cadavre de la monarchie venait à être, encore une fois, galvanisé?

Il y a, dès à présent, dans l'attitude de l'Europe à l'égard de la France, un danger sérieux pour notre malheureuse patrie. La mort de Pie IX peut, d'un moment à l'autre, rendre ce danger immédiat. Il est de toute évidence que les hommes du 24 mai, qui ont créé cette situation, sont impuissants à dénouer le nœud, et nous avons encore l'espoir qu'ils ne sauraient avoir conçu l'absurde et criminelle pensée de le trancher. Ils n'ont qu'un parti à prendre, celui de s'en aller. Mais, comme ils ne le prendront pas d'eux-mêmes, il ne faut rien négliger pour les y contraindre légalement. Les électeurs ne failliront certes pas à ce devoir. Mais, d'ici au jour où ils auront la parole, si peu éloigné que soit ce jour, beaucoup de mal peut être fait. C'est donc aux moins aveuglés d'entre les coalisés de *l'ordre moral*, aux consciences qui ont été trompées, entraînées ; aux hommes dont les actes mauvais ont pu trahir les intentions meilleures, de réveiller au fond d'eux-mêmes les feux assoupis du patriotisme, de rouvrir les yeux à la lumière, de refouler dans la nuit du passé le désordre social que les victoires cléricales ont commencé de faire renaître, et de reconquérir pour eux leur propre estime, et pour la France l'estime et la sympathie des nations. C'est au nom de l'indépendance, de la dignité, de la gloire de la patrie, que tout Français honnête et intelligent doit, de toutes ses forces, combattre les funestes envahissements de l'Internationale ecclésiastique.

Rien n'agace, n'irrite et n'indigne plus que d'entendre à chaque instant répéter, par le bataillon des sots, qui, malheureusement, est innombrable, — *infinita è la schiera dei sciocchi*, avait coutume de dire le Tasse, — que le caractère français est fait d'inconstance et de caprice ; que nous sommes des girouettes ; que les gouvernements se succèdent chez nous comme le beau temps et la pluie ; que... On connaît de reste cette fade et éternelle complainte.

L'histoire en main, il serait facile de confondre l'ignorance ou l'imposture de ceux qui parlent ainsi, et de démontrer victorieusement que les traditions de la liberté dans notre patrie sont nombreuses et constantes, et que, dans une mesure variable, la liberté a toujours été, soit dans les institutions de la France, soit dans les aspirations de son peuple, soit dans les délibérations de ses Assemblées, soit dans les livres de ses écrivains.

Cette poursuite incessante de la liberté, qui, avant 1789, se manifeste alternativement dans le domaine de la pensée et dans celui des faits, ne quitte guère ce dernier à partir de la prise de la Bastille. Les soldats de la liberté, tantôt au pouvoir, tantôt dans l'opposition, combattent sans relâche. Et pour quoi combattent-ils ? Pour la République. Tous, assurément, ne s'en rendent pas bien compte, et pensent ne lutter que pour une monarchie plus ou moins tempérée, constitutionnelle, parlementaire, libérale, entourée d'institutions républicaines, etc. Mais la logique inflexible, impitoyable, irrésistible, pousse la nation en avant, toujours en avant. Il n'est pas de route, ouverte au nom de la liberté, qui ne conduise à la République, parce que la République est — en France, du moins — la seule condition d'exercice possible pour la vraie liberté.

C'est là qu'ont forcément abouti tous les efforts de l'intelligence et de l'activité nationales, en 1792, en 1848, en 1870. Il en eût été de même en 1830, si les « conservateurs » de l'époque n'eussent escamoté la Révolution de Juillet au profit du vieux complice de la trahison de Dumouriez. Brumaire et Décembre d'un côté, les princes « légitimes » ramenés par les cosaques de l'autre, ne prouvent rien contre la persistance du peuple français à vouloir fonder et maintenir le gouvernement républicain.

Les accidents monarchiques, d'une durée plus ou moins éphémère, qui se sont produits depuis quatre-vingts ans,

ne font que nous montrer les souteneurs du despotisme
pareils au Sisyphe roulant son rocher qui sans cesse retombe et menace de l'écraser. Comme ce supplice est,
chez les Sisyphes de la monarchie, un supplice tout volontaire, il ne tient qu'à eux de le faire cesser, et ils
s'y décideront peut-être quand ils verront la République
définitivement et solidement établie sur le suffrage
universel, avec lequel elle est, en réalité, identique et
adéquate.

Qu'on cesse donc de nous traiter d'inconstants et de
capricieux. Mieux peut-être, ou, du moins, avec plus de
clarté et de netteté que n'importe quel peuple du monde,
nous savons où nous allons, et nous allons où nous vou-
lons. Notre seul tort, sans doute, notre seul défaut, qui
est l'excès d'une rare qualité, et, surtout, notre plus
grand malheur, c'est de dédaigner les chemins détournés
dont tant d'autres savent se contenter, et d'avoir voulu
trop souvent marcher droit au but, par la grande route,
et presser le pas. C'est là le côté héroïque de notre
caractère, qu'aucun esprit juste et élevé ne peut se
défendre d'admirer, quand même la froide raison en
regrette les conséquences. Que le sage, dégagé des mes-
quines passions du moment, s'arrachant aux détails mi-
nutieux de la critique journalière, aille se placer sur les
hauteurs sereines de la philosophie, — *sapientum tem-
pla serena*, — et que de là il contemple un spectacle
magnifique, celui d'un marcheur infatigable, qui, d'abord
guidé par une petite lueur lointaine et qu'à peine il aper-
çoit, se met en route et brave tous les obstacles connus
et inconnus, se heurte parfois violemment dans les ténèbres, recule, tombe, et, voyant au loin la lumière qui
brille toujours et grandit sans cesse, reprend courage,
se relève et se met à courir, fait une nouvelle chute, se

désespère, se déchire la poitrine avec les ongles, se sent en proie à une soif inextinguible, et, dans son ignorance, s'abreuve à des sources empoisonnées dont il pense mourir, échappe, contre toute espérance, à ce suprême danger, se débarrasse du linceul où déjà on l'ensevelissait, congédie les fossoyeurs, reparaît debout et vigoureux, réussit à mieux régler son pas, et arrive enfin à toucher le but resplendissant, dont la conquête lui aura coûté tant de sang, de larmes et d'or, et lui vaudra tant de gloire et tant de félicité !

L'heure est solennelle ; la minute sera décisive.

On ose parler encore à la France de monarchie.

Il faut sans cesse rappeler aux citoyens de la République française que la monarchie, sous toutes ses formes, est tombée huit fois en quatre-vingt-six ans.

Le 14 juillet 1789 tombe l'absolutisme séculaire de la vieille royauté ;

Le 10 août 1792 tombe la monarchie constitutionnelle essayée avec Louis XVI et la constitution de 91 ;

Le 31 mars 1814 tombe le premier empire ;

Le 20 mars 1815 tombe la première restauration bourbonnienne ;

Le 18 juin 1815 tombe, à Waterloo, le deuxième empire ;

Le 29 juillet 1830 tombe la seconde restauration bourbonnienne ;

Le 24 février 1848 tombe la monarchie constitutionnelle de la branche cadette des Bourbons ;

Le 1er septembre 1870 tombe, à Sedan, le troisième empire.

Ainsi, le pays, dans un si court espace de temps, a souffert tous ces essais, a vu tous ces avortements, a assisté à toutes ces transformations du despotisme et en a épuisé toutes les amertumes et toutes les hontes, a failli périr écrasé sous tant de ruines, et il peut être question aujourd'hui de lui faire, de gré ou de force, revoir ce qu'il a vu huit fois en quatre-vingt-six ans; de recommencer sous ses yeux et à ses frais l'orgie clérico-monarchique? Assurément, la simple possibilité de la discussion sur un pareil sujet était la dernière et la plus cruelle des humiliations qui nous fussent réservées.

Quels sont donc les insensés, quels sont donc les criminels qui songent à réaliser de tels rêves?

Croient-ils donc pouvoir jamais effacer la marque d'infamie que le fer rouge de l'histoire a imprimée sur le front de toutes les tyrannies?

S'imaginent-ils qu'ils parviendront à recoller sur le cadavre de la monarchie, décapitée au 21 janvier, une des têtes de carton qu'ils ont tant de fois essayé d'y souder et qui n'ont jamais tenu?

Ce sont là des faits, rien que des faits, contre lesquels, soit qu'on s'en réjouisse, soit qu'on les déplore, nul ne peut s'inscrire en faux.

Non, l'on ne verra pas relever dans notre chère patrie le trône de ces Bourbons aînés ou cadets que la France, l'Italie, l'Espagne ont à plusieurs reprises et ignominieusement chassés. Non, l'on n'y verra pas reparaître le ridicule mensonge de la monarchie constitutionnelle incarnée, au lendemain de nos désastres et des victoires germaniques, dans un homme dont les veines sont pour moitié remplies du sang des ducs de Mecklenburg.

Qu'arrivera-t-il donc, et quelle alternative nous est laissée?

Ou la France, une fois de plus trompée, trahie, violentée, subira un neuvième essai de monarchie, et cette monarchie, soit qu'elle périsse dans les flots de sang au milieu desquels elle aura pris naissance, soit qu'elle tienne suspendue au-dessus de nos têtes pendant dix ou quinze ans la menace perpétuelle d'une nouvelle et inévitable révolution, entraînera la patrie dans l'abîme, dans le chaos et dans la mort.

Ou la République sera maintenue et nous conduira sans cesse du bien au mieux par les voies légales, pacifiques, sans effusion de sang ni de larmes, avec sagesse et modération, lentement, mais sûrement; et où le vote universel et libre sera tout, la violence ne sera plus rien.

Telle est l'alternative que présente la situation du moment.

C'est aux citoyens de la République française, à eux seuls, qu'il appartient de choisir.

Le choix ne peut se faire ni sans eux, ni contre eux, ni malgré eux.

La République est en possession de la légalité. Il n'y a pas de légalité contre la légalité, il n'y a pas de droit contre le droit.

Pour détruire la République, il faudrait détruire le suffrage universel.

Or, qu'on le sache bien, les électeurs français ne se laisseront point arracher des mains cette arme pacifique et tutélaire.

L'intégrité et le libre exercice du suffrage universel, voilà la garantie de la paix publique.

Messieurs les courageux préparateurs du neuvième essai monarchique, vous plait-il de porter la main sur cette garantie, de vous insurger contre l'ordre, de vous révolter contre la légalité?

C'est nous, républicains, qui défendons la légalité, qui ferons respecter l'ordre, et qui vous dirons, à vous, les

11*

prétendus conservateurs, de tirer les premiers, si vous l'osez.

Quant aux peuples de l'Europe, ils savent qu'ils n'ont rien à redouter pour leur indépendance de l'établissement définitif du gouvernement républicain en France, et que cet établissement est, au contraire, la garantie la plus sûre de la défaite de l'ennemi commun, je veux dire le cléricalisme. Sur ce terrain, la République française aura des alliés, des amis. Et si, plus tard, le spectacle de la nation française régénérée par la République, réformant pacifiquement ses Codes, son administration, donnant par la paix et la sécurité, par l'ordre et la liberté, un puissant essor à son agriculture, à son industrie, à son commerce et à sa navigation, assurant par tout cela la prospérité matérielle de tous ses citoyens et développant leur bien-être moral par le relèvement de sa littérature, de ses beaux-arts, et ses conquêtes nouvelles dans le vaste champ de la science, si ce magnifique et consolant spectacle amène, par la vertu de la contagion, les autres nations de l'Europe à se constituer à leur tour en Républiques, ni ces nations, ni la France, ni l'humanité ne s'en plaindront.

TABLE.

Périgueux. — Imprimerie Charles Rastouil, rue Taillefer, 31.